Koste sie, ja, koste sie aus diese süßeste Zeit
im verdorrten, staubtrockenen Mund.
Freudige Erwartung trocknet die keuchende Zunge
und befeuchtet doch die Tiefe andernorts
mit Furcht und zugleich tiefstem Verlangen.
Und sie entfacht dies uralte Feuer.

Taste oh taste that sweetest time.
Within a dry, dust dry mouth
For anticipation dries a gasping tongue
But wets another deeper place,
With fear and yet with deep desire,
And so ignites that ancient fire.

Goûte, ô goûte l'instant délicieux.
Dans une bouche sèche, assoiffée
Une langue haletante se dessèche par anticipation
Mais un endroit se liquéfie plus profond,
De peur et de profond désir mêlés,
Et ce faisant allume cet ancien feu.

China Hamilton

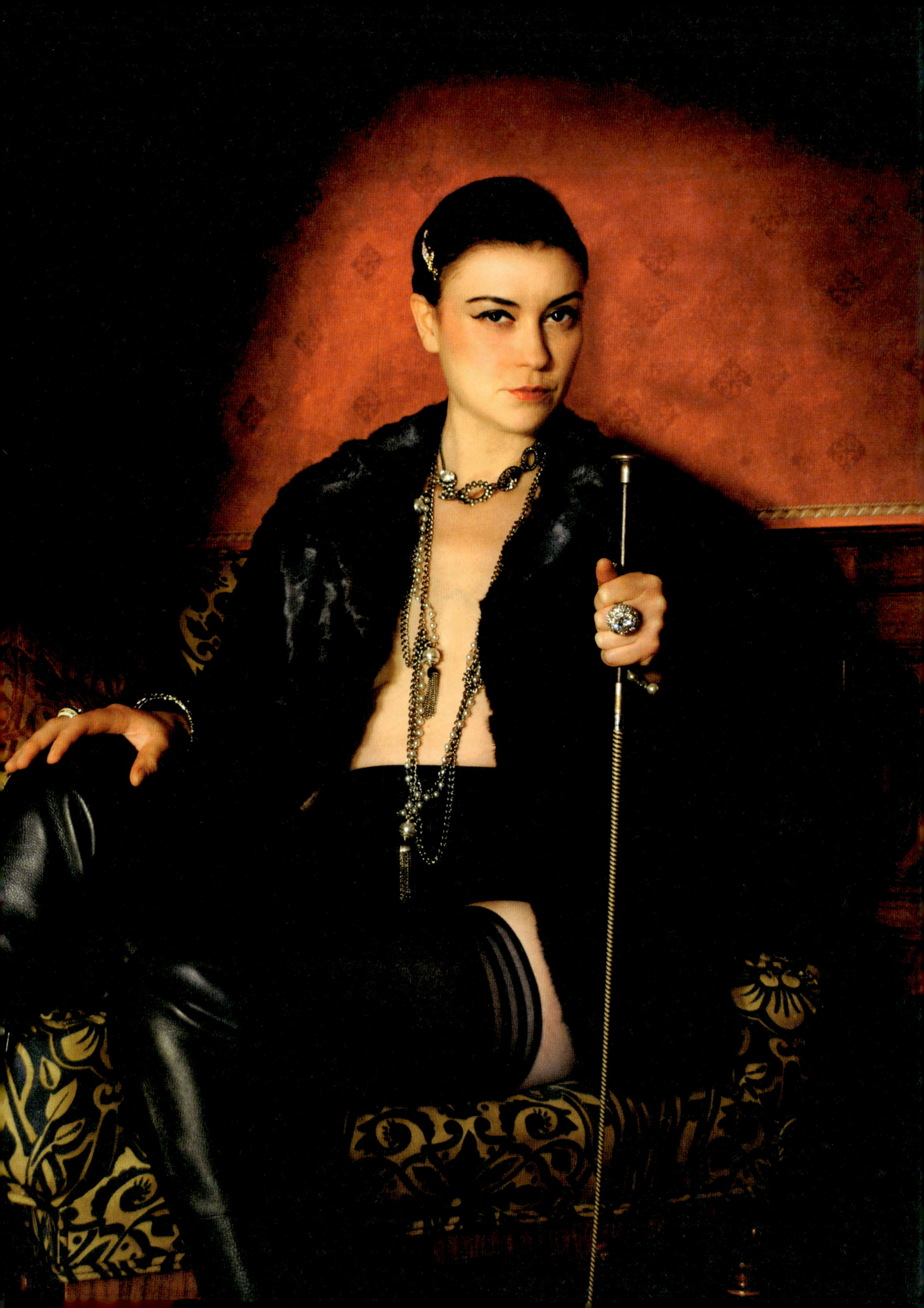

China Hamilton

Erotic Domination

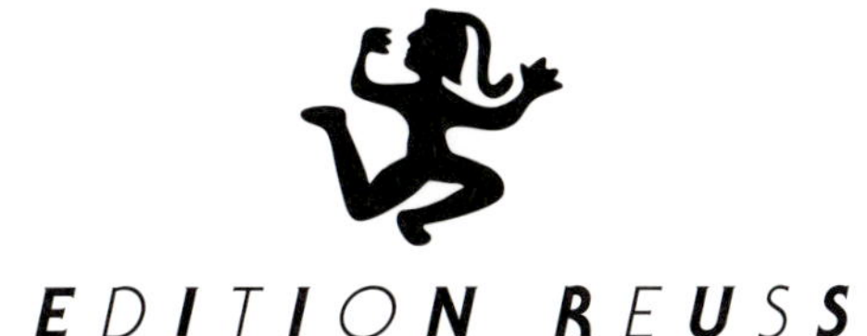

EDITION REUSS

Die Kunst der erotischen Fotografie von China Hamilton

Eric Kroll schreibt in Taschens *The New Erotic Photography*: „China besitzt die außergewöhnliche Fähigkeit, eine Frau offen und direkt zu zeigen, ohne dass es gynäkologisch wirkt.“

Ist dies vielleicht mein letztes Buch? Der grässliche Smog und die Luftverschmutzung im Umkreis meines Hauses und Geburtsorts in Südlondon, die endlosen Stunden des Glücks und kreativen Vergnügens, die ich inmitten der toxischen Ausdünstungen meiner Dunkelkammer verbracht habe, auch mein Tabakkonsum und die Liebe zum Pfeiferauchen haben schließlich ihren Tribut gefordert. Mit siebzig habe ich nicht mehr die Gesundheit und Kraft, um meine Kunst der Fotografie weiter voranzutreiben. In den Jahren seit meinem letzten Buch *Intimate Obsessions* (Edition Reuss) bin ich aber sehr produktiv gewesen – bevor sich mein Zustand verschlechterte. Deshalb kann ich auf eine Fülle von Werken zurückgreifen. Matthias Reuss, mein lieber Freund, hat einmal mehr meine kreative Arbeit unterstützt und die Veröffentlichung dieses letzten Buchs ermöglicht. Seine Qualitätsanforderungen und das Design solcher Publikationsprojekte erhöhen den Wert meines Werks. Ohne solch fürsorgliche Verleger wie Matthias würde gedruckte Kunst im digitalen Irrsinn verschwinden, der die heutigen Bildwelten kennzeichnet.

Wie immer war die Auswahl der Bilder für dieses Buch sehr schwierig. So Vieles blieb außen vor. Und doch hoffe ich, dass es mir gelungen ist, einen reizvollen und flüchtigen Blick dessen zu präsentieren, was oftmals ein Fotomarathon und eine intime Exploration über Stunden oder gar Tage war. Der Umzug in mein ungewöhnliches, aus der Zeit gefallenes Haus – inklusive gotischem Turm, den ich *Dark Tower* getauft habe – sorgte für eine wunderbare Kulisse, bestens geeignet für die Gefühlsregionen, die ich mit meinen zauberhaften Modellen erforsche. Vielleicht hat mich dieser Schauplatz dazu stimuliert, die gefühlt besten Arbeiten meines Lebens zu produzieren. Zudem hatte ich das große Glück, einen kleinen Kreis faszinierender und außergewöhnlicher Frauen zu kennen, und mit ihnen in den letzten Jahren immer wieder zu arbeiten. Diese tiefe Verbundenheit ermöglichte es, gemeinsam ihre erotischen Momente und manchmal auch ihre dunkelsten sexuellen Fantasien auszukundschaften.

Meine Arbeiten sind zweifellos vielschichtig. Die Verfahren und Momente variieren und vezweigen sich in vielfach gerichtete Stimmungen und Erfarrungen. Ich glaube, dies reflektiert die Art und Weise, wie ich mit meinen hochgeschätzten Modellen verbunden bin. Diese Frauen verfügen über solch komplexe Fantasien, die es zu erforschen gilt. Sie genießen sowohl das einfache Einfangen ihrer Weiblichkeit und ihrer erotischen Schönheit als auch die Reisen, die sie zu den düstersten Orten sexueller Begierden antreten.

Das Werk, das gemeinsam mit meinen Modellen entsteht, enthält immer auch ihre wirkliche und authentische Erfahrung. Es ist keine „Studiofotografie“, keine Stöße und keine Schinderei vor einem alten Bettlaken, und keine Bezahlung mit Kleingeld, wenn sie ihre Höschen fallen lassen. Es ist vielmehr eine intensive wechselseitige Welt, wo Reisen und Szenerien diskutiert werden, die sich ausgeprochen realistisch abspielen. Meine Modelle sind nicht nur meine Freundinnen (oftmals auch mehr), sondern auch freiwillig mit mir zusammen. Sie formen mit mir eine auf Gegeseitigkeit beruhende kreative Einheit. Gemeinsam versuchen wir, Werke zu erschaffen, die von einem breiten Publikum betrachtet und genossen werden können. Diese Frauen sind stolz auf ihre Sexualität, auf ihre Körper und auf ihre Lust. Sie wissen, dass ihre intimen Enthüllungen von Voyeuren und Kennern gleichermaßen geschätzt werden. Sie sind sich klar dessen bewusst, dass die Andeutungen und Anregungen, die in den Bildern stecken, eine Unzahl komplexer Gedanken in den Köpfen derjenigen provozieren und inspirieren wird, die solche Bilder betrachten.

Außer der einfachen, aber starken, häufig expliziten Pose einer Frau, die mit unbekannten Betrachtern eine Intimität zulässt, die gewöhnlich für private Momente mit einem Liebhaber reserviert sind, werden noch andere, dunkle Momente gezeigt. Manches meiner Werke bezieht sich auf diese altertümliche und populäre Vorliebe, die meist als „körperliche Bestrafung" bezeichnet wird. Obwohl oftmals in die harmlose Worthülse *Spanking* verpackt, kann und wird sie vielen das Tor zu einer tiefgründigen Fantasiewelt öffnen, wo sich Schmerz und drogenartige Lustempfindung vermischen, verstärkt durch unterschiedliche Gerätschaften und Intensität. Und es gibt noch andere Vorlieben wie Fesselung und *Bondage*, sogar Erniedrigung. Es kann eine echte, athletische und außerordentliche Schönheit darin liegen, wie sich ein Körper bewegt, der Anspannung und Stress unterworfen ist – verwoben mit einer raffinierten Kommunikation, die von der Neigung des Kopfes oder dem Blick in die Augen vermittelt wird. Ich verwende auch gerne echte venetianische Masken. Venedig war immer schon ein Ort der Intrige und der verborgenen Sexualität. Die Kultur der Maskenspiele passt gut zur Anonymität, die eine Maske ermöglicht – und zur implizierten sexuellen Ermächtigung. Im Buch finden sich auch zahlreiche Portraits echter „Herrinnen". Diese Dominas, angezogen und entblättert, behaupten stolz ihren Platz in der langen Geschichte dieses Sujets und bedienen kunstfertig die Lustfantasien des „bösen Schulbuben" oder der „unterwürfigen Magd". Somit beschäftigt sich mein Werk mit der Tatsache, dass wir Menschen eine hoch komplizierte Sexualität haben, und dass wir uns oft danach sehnen, dunkle Orte zu aufzusuchen. Es vermittelt dennoch einen sicheren und einvernehmlichen Eindruck und verweist manchmal sogar auf die Abgründe und Grausamkeiten der wirklichen Welt.

In meiner Dunkelkammer habe ich zahlreiche Techniken ausprobiert und weiterentwickelt, die eine einfache Fotografie verbessern und so viel mehr aus ihr machen können. Auch mit der digitalen Bildbearbeitung – die jetzt für meine Gesundheit wichtig ist – genieße ich die Freude am Experiment. Sie werden beispielsweise Arbeiten finden, bei denen die Bilder durch Strukturen verfremdet wurden. Es gibt auch die Anmutung von Verfall und Alterung, als ob man in den geheimen Winkeln eines uralten Verstecks Fotografien gefunden hätte. Wie immer spielt in meinem gesamten Werk *Chiaroscuro* – das Prinzip der Hell-Dunkel-Malerei der Renaissance – eine große Rolle: die einfache Beleuchtung, die Mysterien und latente sexuelle Absichten heraufbeschwört. Aus diesem Grund ist das Buch in klassischem Monochrom gehalten und hat den Anschein viktorianischer Drucke. Ich möchte noch einmal darauf hinweisen, dass ohne die Zusammenarbeit mit diesen starken und selbstbewussten Frauen kein Werk und keine Kunst entstanden wären, die ich mit Ihnen teilen könnte.

China Hamilton

The Erotic Photographic Art of China Hamilton

Eric Kroll writes in Taschen's "*The New Erotic Photography*", *China has an extraordinary ability to show a woman directly, openly, without it being gynecological.*

I see this book as perhaps my last? The dreadful smogs and air pollution of my south London home and place of birth, the endless hours of joy and creative fun, spent in the toxic fumes of my dark-room and of course my tobacco and my love of pipe smoking, have at last exacted their price and at seventy I no longer have the health and strength to explore my photographic art. I have though been prolific, before my health recently gave out, in the years since my last book, 'Intimate Obsessions', published by Edition Reuss, and therefore have a wealth of work to draw upon. My dear friend, Matthias Reuss, has yet again supported my creative efforts by making it possible to publish this last book. The exacting quality and design that he brings to such a publishing project, lifts the value of my work. Without caring publishers such as Matthias, printed art would vanish into the digital madness that is the visual world today.

To assemble the images for this book was as always so very difficult, so much has to be left out, yet I hope I have been able to provide tantalizing glimp-ses of what was often a marathon of photography and intimate exploration over hours or even days. My move to my extraordinary period, house, com-plete with gothic tower, that I have christened 'the Dark Tower', provided a wonderful background so suited to the emotional areas I explore with my wonderful subjects. It is perhaps the stimulation of this setting, that has I feel enabled me to produce some of the best work of my life. I have also been most fortunate in knowing and working with, often repeatedly over these last years, a small number of fascinating and extraordinary women. This deeper union has made it possible to explore with them, many of their erotic moments and at times their darkest, sexual fantasies.

There is without doubt an eclectic quality to my work. The treatment and the moment vary and split off into the many directions of mood and experien-ce. This reflects I feel, the way that I and my dear subjects relate. These women have such a complex of fantasies to explore and so often enjoy both the simplicity of the capture of their female, erotic beau-ty and also embarking upon journeys that lead them to their darkest places of sexual desire.

The work that I produce with my subjects is always part of a real and genuine experience for them. I see myself as both facilitator and recorder. This is not 'studio' photography, the bumps and grinds before an old bed sheet and payment in coin for dropping your knickers. This is rather, an intense, mutual world, where journeys and scenes are discussed and happen very much for real. My subjects are not only friends and often even more but are there with me by choice to make a mutual, creative union. Together we attempt to produce work that can be shared and enjoyed by a wider audience. For these women are proud of their sexuality, of their bodies and delight in knowing that their intimate revela-tions will be enjoyed by voyeur and connoisseur alike. They are well aware that the hints and suggestions of the images will provoke and inspire a myriad of complex thoughts in the minds of those that such work is shared with.

Beyond a simple but powerful, often explicit, pose, that of a woman sharing with unknown minds an intimacy usually reserved for that private moment with a lover, there are other darker moments recorded. Some of my work connects with that ancient and popular taste usually described as 'corporal punishment'. Though often wrapped in the comfort blanket of the word 'spanking', it can and does for many, open the door to a deeply arousing fantasy where pain and drug like pleasure intermingle, encouraged by a diversity of implements and intensity. There are also other tastes, restraint and bondage, even humiliation. There can be real, athletic, exceptional beauty in the way the body performs when in tension and stress, this interwoven with the subtle communication conveyed by the angle of a head or the look in an eye. I also love the use of genuine Venetian masks, for Venice has always been a place of intrigue and dark sexuality and their culture of the mask plays well with the anonymity that a mask provides and the sexual license it conveys. I have also included a number of portraits of significant Mistresses, these Dominatrixes both clothed and revealed, demonstrate so proudly their place in the long history of this subject, fulfilling skillfully, the fantasy pleasures of the 'naughty school boy' or 'the submissive maid'. So my work reflects the fact that we humans are most complicated in our sexuality and often are drawn to explore the dark places, that however provide a safe and consensual taste of at times, even the evils and cruelties of the real world.

When I worked in the darkroom I explored and developed so many techniques that could be used to lift a simple photographic image and contribute so much more. Working digitally, now essential to my health, I still enjoy this quest and I have also included a number of examples of my work incorporating textures to distress the image. This can calm and soothe an otherwise potentially powerful and explicit image. There is also a feeling of decay and age, as though photographs have been discovered in the secret recesses of an ancient hidden draw. Always though throughout my work, the essential of chiaroscuro plays its vital role, the simplicity of lighting, that evokes mystery and latent, sexual intent, to this end the book is in classic monochrome, evoking a Victorian print feel. Again I must stress, that without the collaboration of the strong and self determining women I have worked with, I would have no work and no art to share with you.

China Hamilton

L'art de la photographie érotique de China Hamilton

Eric Kroll écrit dans ‚The New Erotic Photography‘, chez Taschen : „China possède l'extraordinaire capacité d'exposer une femme directement, ouvertement au regard, sans que cela soit gynécologique“

Je pense que ce livre est peut-être mon dernier ? Les effroyables brouillards de pollution qui planent sur ma résidence du sud de Londres où je suis née, les heures et les heures de joie et de créativité passées dans les émanations toxiques de la chambre noire et puis bien sûr mon amour du tabac et le plaisir que j'ai à fumer la pipe ont fini par payer leur rançon : maintenant âgée de 70 ans, je n'ai plus la santé ni la force nécessaires pour continuer mon grand-oeuvre photographique. J'ai cependant été prolifique, avant que ma santé récemment ne décline, durant les années qui ont suivi la publication aux éditions Reuss de mon dernier livre, 'Intimate Obsessions' ; je dispose donc d'une grande abondance de clichés inédits à exploiter. En ami cher, Matthias Reuss m'a, encore une fois, apporté son soutien afin que je puisse publier cet ultime ouvrage. Les exigences de qualité et de conception qu'il a imposé à ce projet éditorial rehaussent la valeur de mon travail. Sans des éditeurs aussi soigneux que Matthias, l'art imprimé disparaîtrait dans la folie digitale qui constitue le monde visuel d'aujourd'hui.

Réunir les images pour ce livre présentait, comme à chaque fois, une difficulté terrible car il y en avait tant à écarter ; j'espère malgré tout avoir été capable de donner un aperçu captivant de ce qui, souvent, relevait du marathon photographique et de l'exploration intime poussée à ses limites, sur des heures, voire des jours. C'est en déménageant dans une époque, une maison extraordinaire, complétée par une tour gothique baptisée 'la Tour Noire', que j'ai trouvé le décor idéal, parfaitement adapté aux zones émotionnelles que je souhaitais parcourir avec mes merveilleux sujets. Ce cadre stimulant est peut-être ce qui m'a donné le sentiment de pouvoir parachever certaines de mes plus belles réalisations dans la vie. J'ai également l'insigne honneur de connaître et travailler, de façon suivie durant ces dernières années, avec un petit nombre de femmes extraordinaires et fascinantes. Cette relation approfondie m'a permis de sonder avec elles beaucoup de leurs moments érotiques et parfois même leurs fantasmes sexuels les plus ténébreux.

Mon travail, sans aucun doute, présente la qualité d'être éclectique. Le traitement et le moment varient et partent dans toutes les directions selon l'humeur et l'expérience. Cela reflète, je le sens, la façon dont j'interagis avec mes chers sujets. Ces femmes aux fantasmes labyrinthiques prennent souvent plaisir à se laisser simplement capturer dans l'éclat de leur beauté érotique femelle, mais aussi à se lancer dans des expérimentations qui les mènent à affronter leurs désirs les plus secrets et les plus noirs.

Le travail que je réalise avec mes sujets s'appuie toujours sur du vécu et relève pour elles d'un moment de vérité. Je me considère comme quelqu'un qui à la fois rend les choses possibles et les enregistre. Il n'y a pas de 'studio' photographique, ni de déhanchements ostentatoires devant une vieille couverture de lit, ni d'argent liquide en échange d'une nudité négociée. Il y a, tout au contraire, d'intenses échanges autour d'un univers exploré au fil de voyages et de mises en situations qui sont préalablement discutés puis concrétisés par passage à l'acte réel. Mes sujets ne sont pas seulement des amies, voire plus, mais des personnes qui ont choisi d'être avec moi pour co-créer. Ensemble nous tentons d'accomplir un travail qui peut être partagé et apprécié par un public large. La raison est que ces femmes sont fières de leur sexualité, de leur corps, et se réjouissent de savoir que leur dévoilement confidentiel fera le bonheur de voyeurs et de connaisseurs complices. Elles ont parfaitement conscience que les images, par allusions et suggestions, provoqueront l'effervescence d'une myriade de pensées intriquées chez ceux-celles qui auront accès à ce travail.

Ce qui est documenté ici, au-delà d'une démarche simple, quoique puissante, souvent osée – celle d'une femme qui partage avec des inconnu-e-s une intimité habituellement réservée aux moments privés qu'elle dédie à un-e amant-e –, c'est le côté plus sombre des autres moments. Certains de mes travaux portent sur ce que l'on appelle, selon une terminologie populaire et surannée, 'punition corporelle'. Bien que cette notion soit souvent présentée sous l'appellation rassurante de 'fessée', elle peut – c'est le cas pour beaucoup – ouvrir la porte d'une fantasmagorie extrêmement excitante dans laquelle douleur et plaisir addictif se mélangent, décuplés par l'usage d'une grande diversité d'instruments. D'autres goûts sont ici mis au jour : la contrainte, le ligotage et même l'humiliation. Il peut y avoir une vraie, athlétique, exceptionnelle beauté dans la manière dont le corps bouge sous l'effet de la tension et du stress, en lien étroit avec le message subtil envoyé par l'inclinaison d'une tête ou l'expression d'un regard. J'aime aussi utiliser d'authentiques masques vénitiens, parce que Venise a toujours été une ville d'intrigues galantes opaques et parce que la culture vénitienne du masque s'accorde bien avec l'anonymat qu'un masque procure et avec la licence sexuelle qu'il autorise. J'ai aussi inclus un certain nombre de portraits de Dominatrices influentes qui, qu'elles soient vêtues ou dévêtues, font l'éclatante démonstration de leur droit d'être dans cette longue histoire du sujet qui nous occupe ici : elles exécutent avec talent leur rôle dans le cadre de scénarios comme 'le méchant écolier' ou 'la soubrette soumise'. Mon travail illustre parfaitement ce fait que nous, humains, étant parmi les êtres les plus compliqués sexuellement, sommes souvent amenés à descendre dans nos ténèbres intérieures parce qu'elles sont paradoxalement un refuge où l'on se sent en sécurité face aux horreurs et aux cruautés qui règnent dans le vrai monde.

Quand je travaillais dans la chambre noire, j'ai testé et développé beaucoup de techniques permettant d'améliorer une photo, parfois à un point inouï. Maintenant forcée de travailler sur un écran, pour des raisons de santé, je continue de m'amuser à retravailler les images et j'ai sélectionné pour ce livre quelques specimens de clichés mis en danger par intégration de textures. Ces textures peuvent apaiser et adoucir une photo qui serait, sans cela, potentiellement dure et choquante. D'autres textures dégagent une impression de décrépitude et d'ancienneté, comme si les photographies avaient été découvertes dans les fonds dissimulés d'un tiroir secret. Toujours, à travers mon travail, l'essence du *chiaroscuro* joue son rôle vital, ainsi que la simplicité de l'éclairage qui évoque le mystère et l'intention sexuelle latente. C'est dans ce but que le livre a été publié en monochrome, comme les imprimés de l'ère victorienne. J'aimerais insister, une dernière fois, sur le fait que sans la collaboration de ces femmes fortes et déterminées avec qui j'ai travaillé, il n'y aurait ni oeuvre ni art à partager avec vous.

China Hamilton

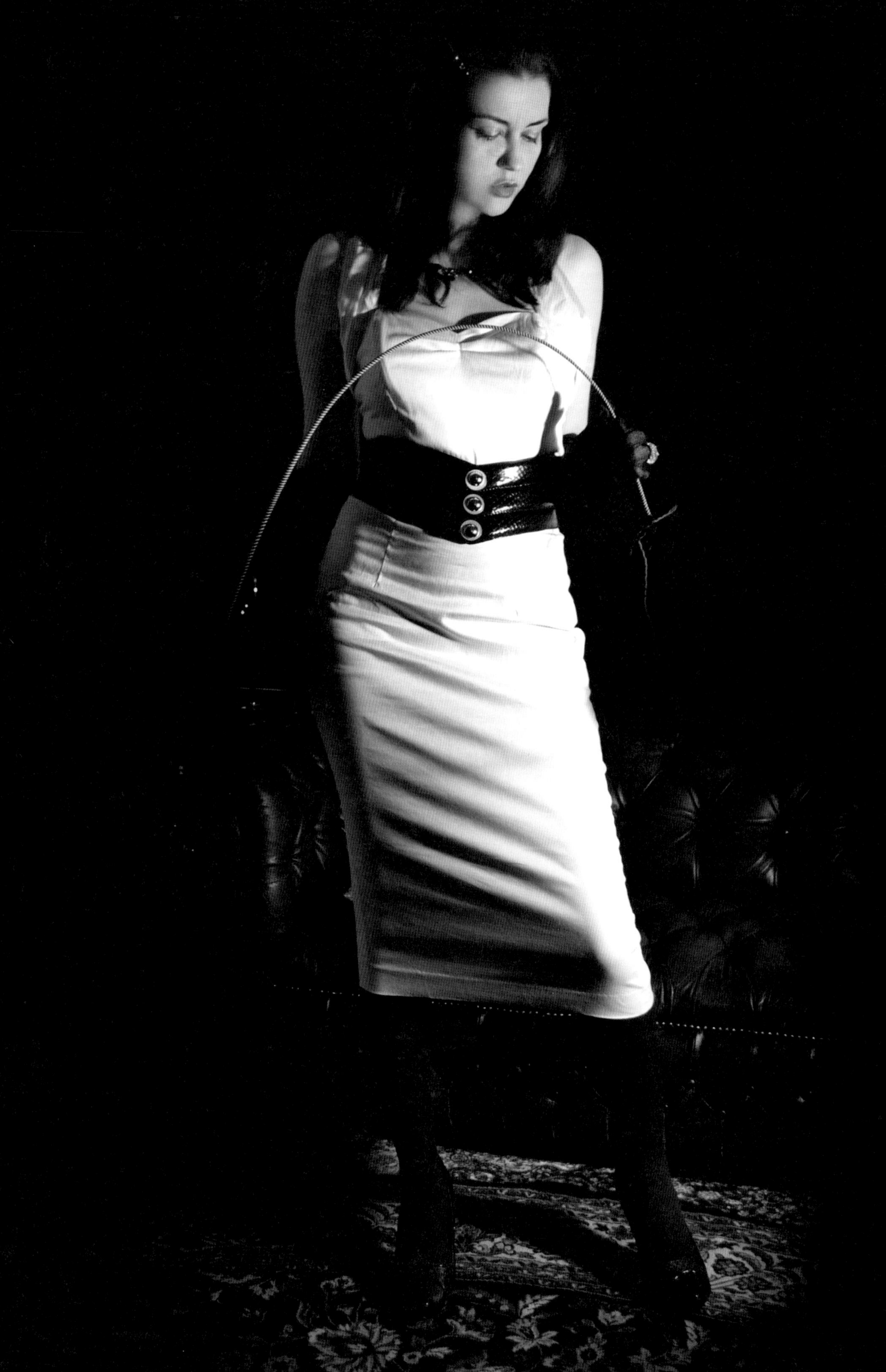

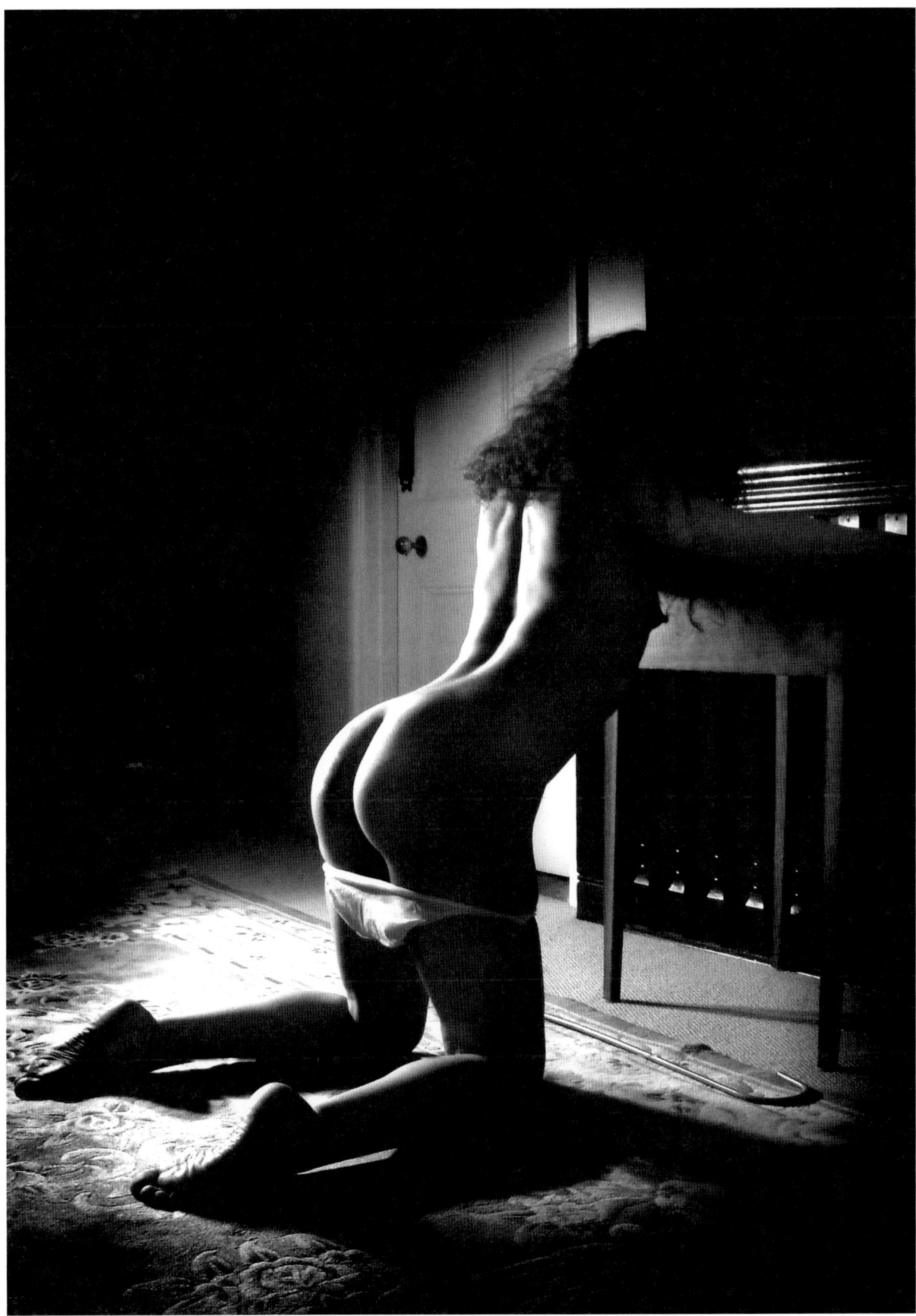

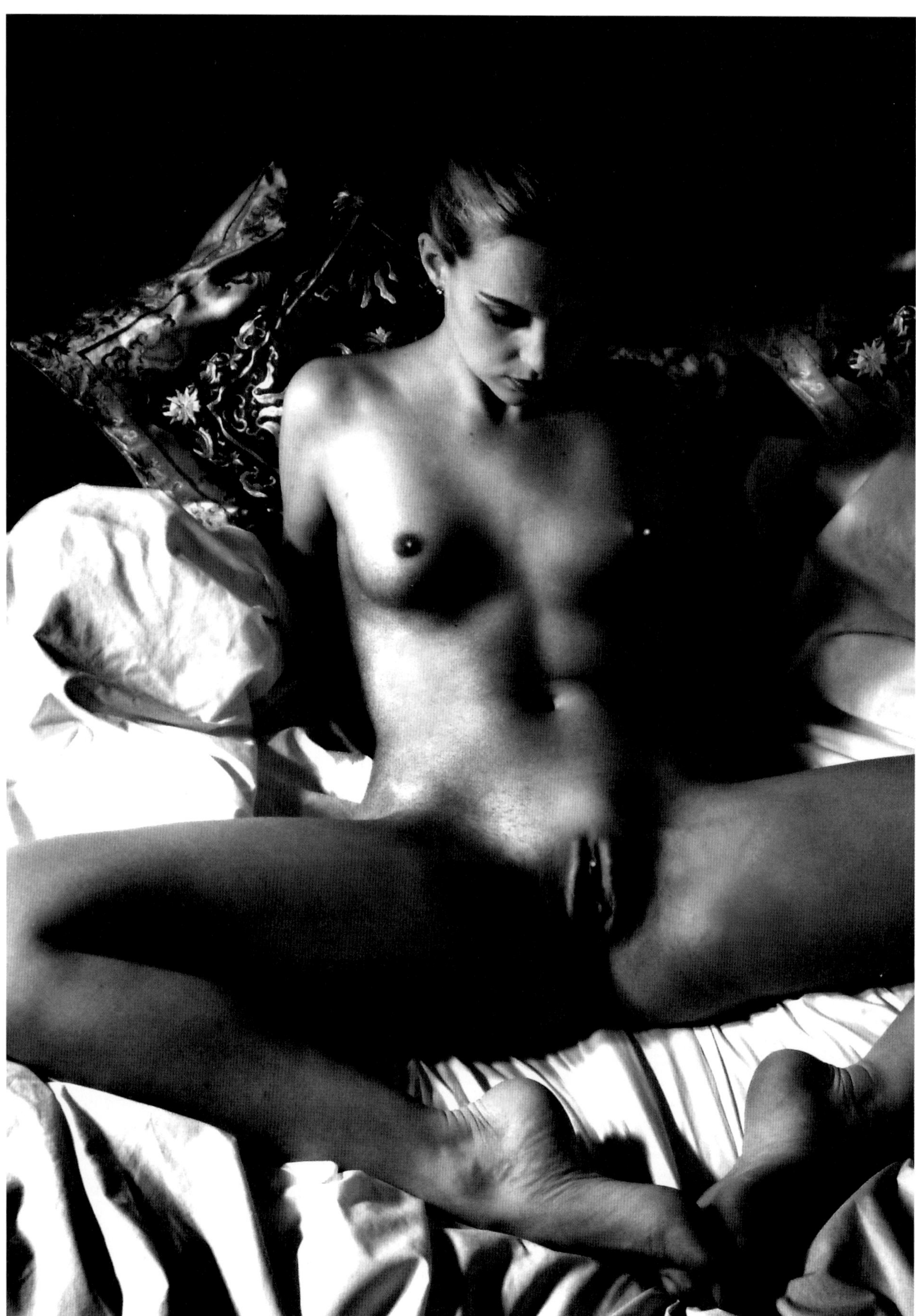

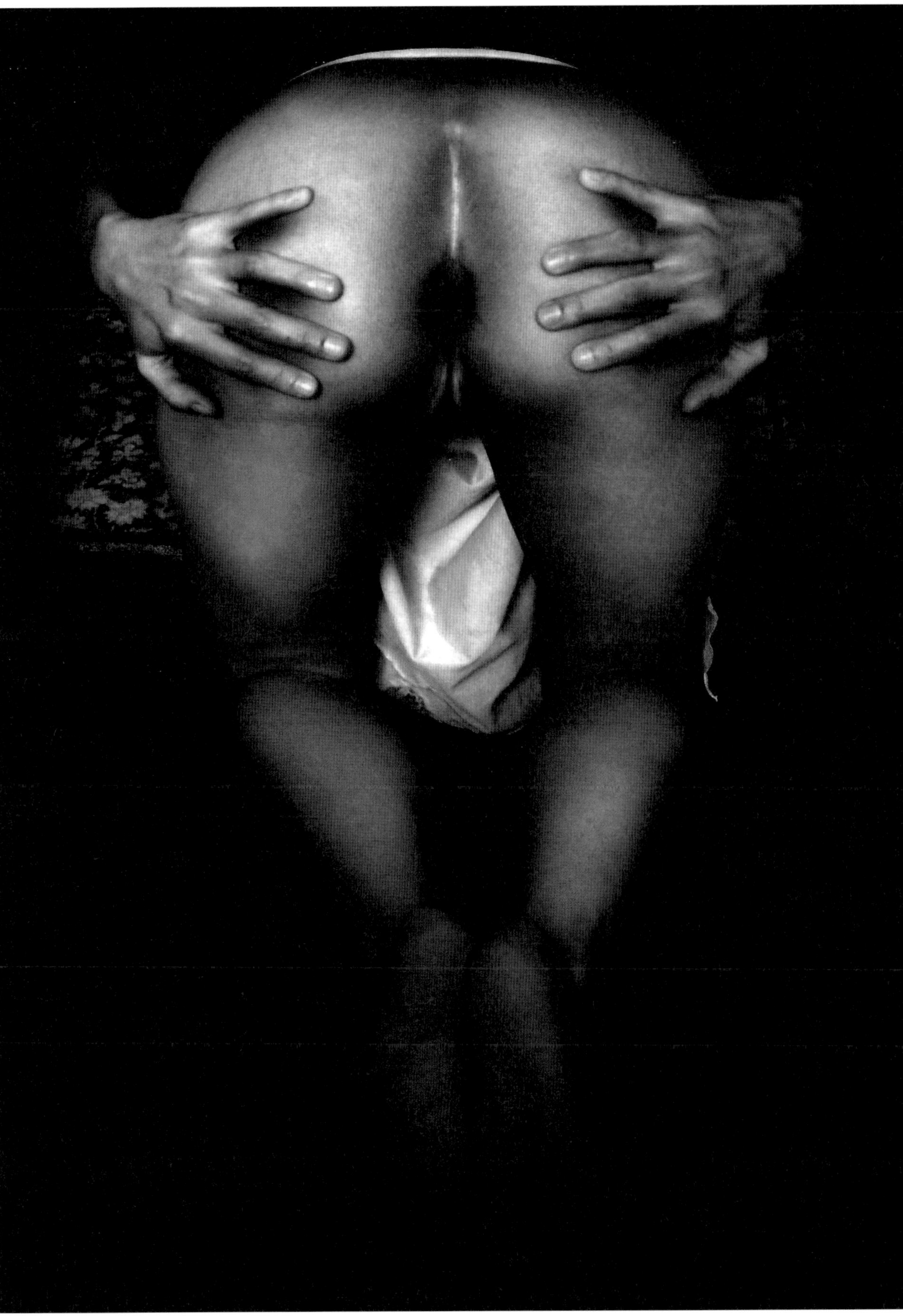

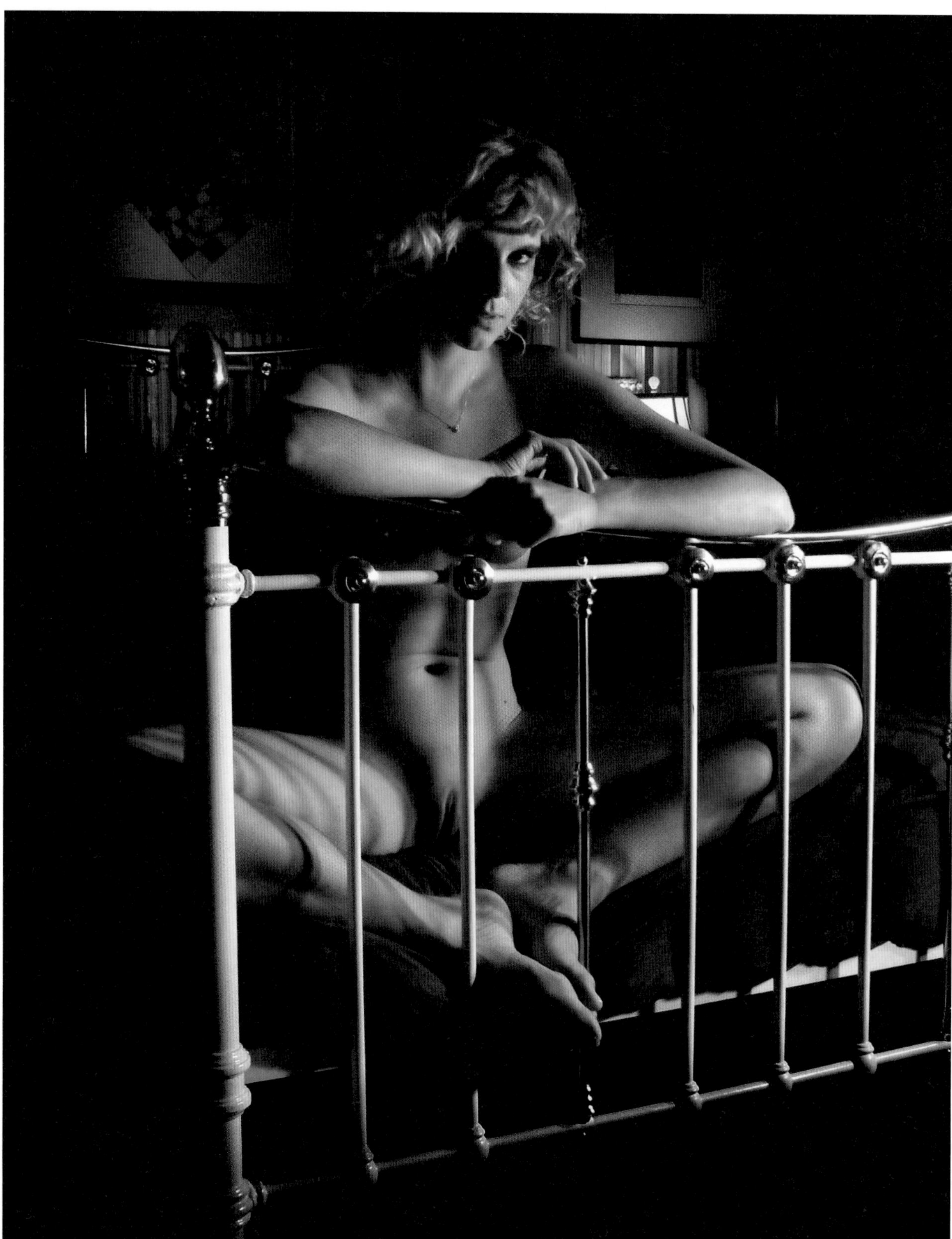

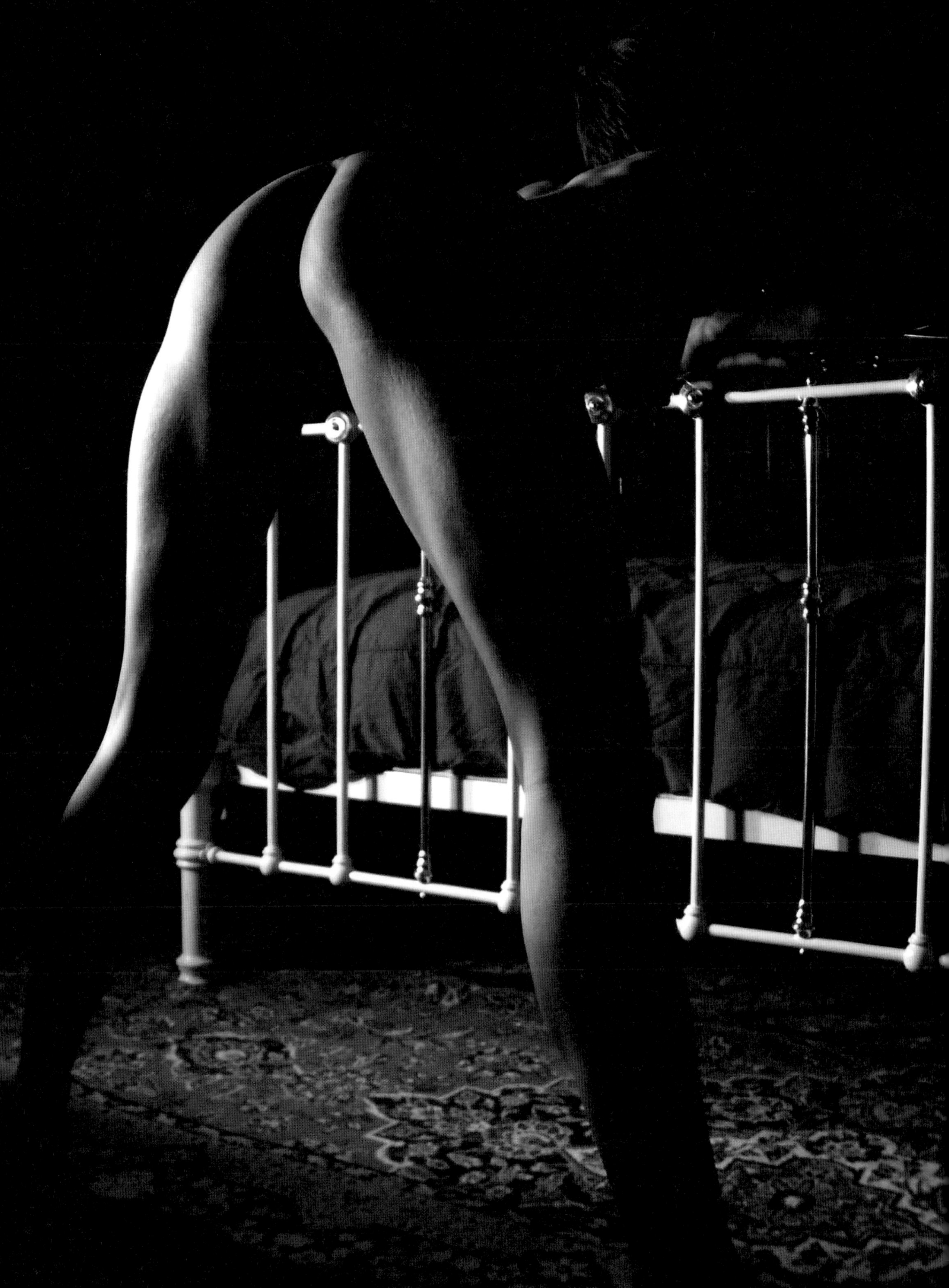

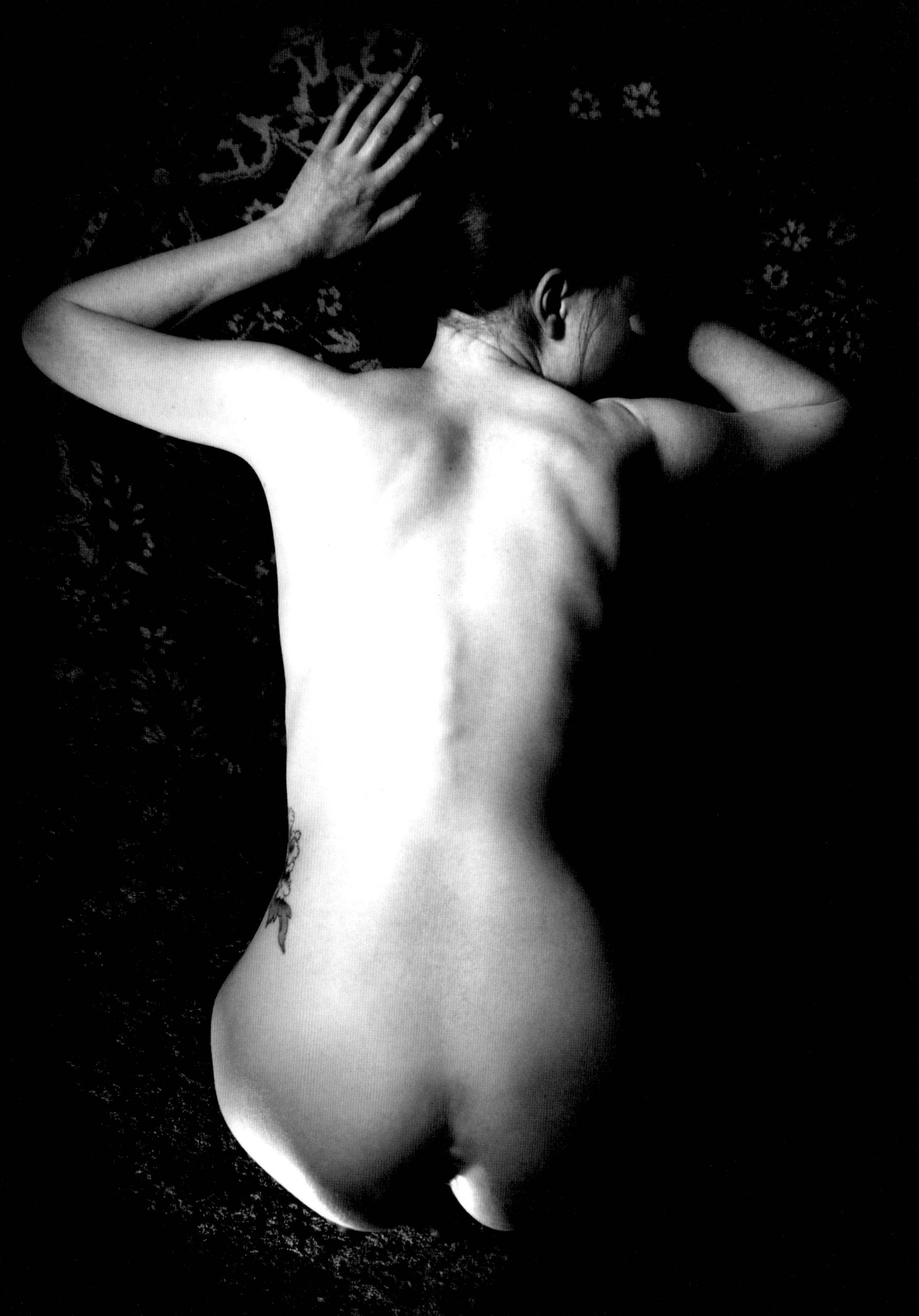

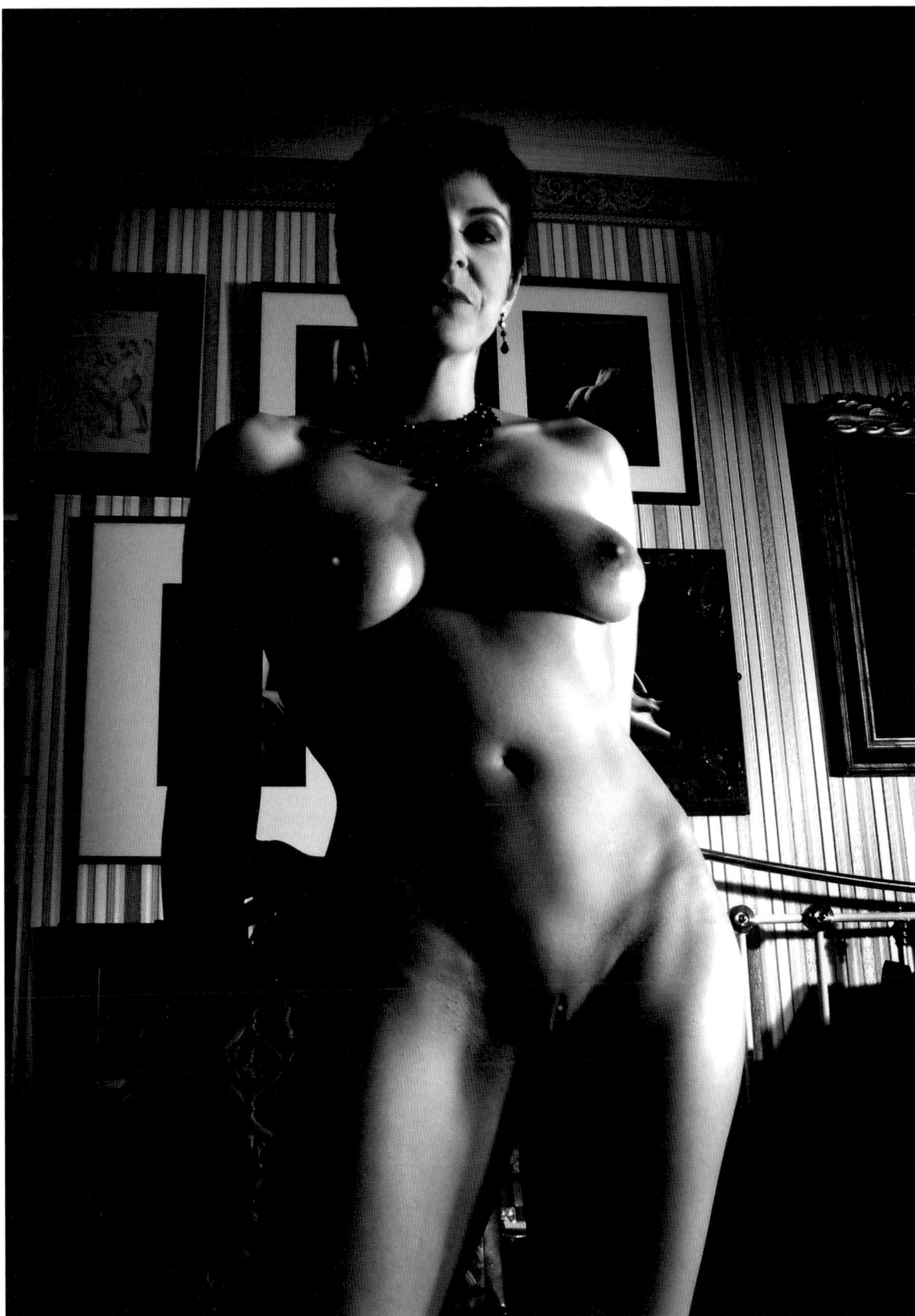

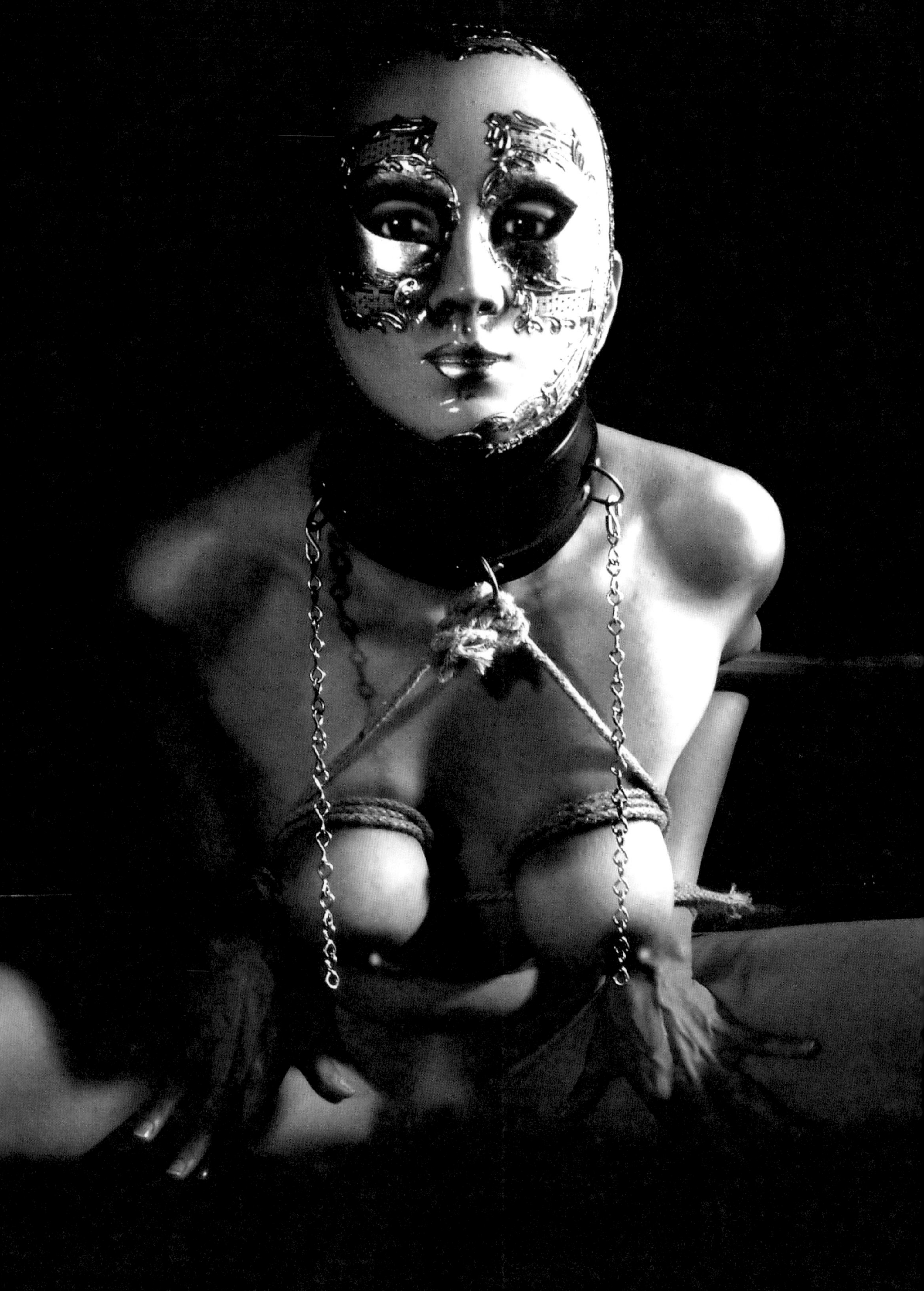

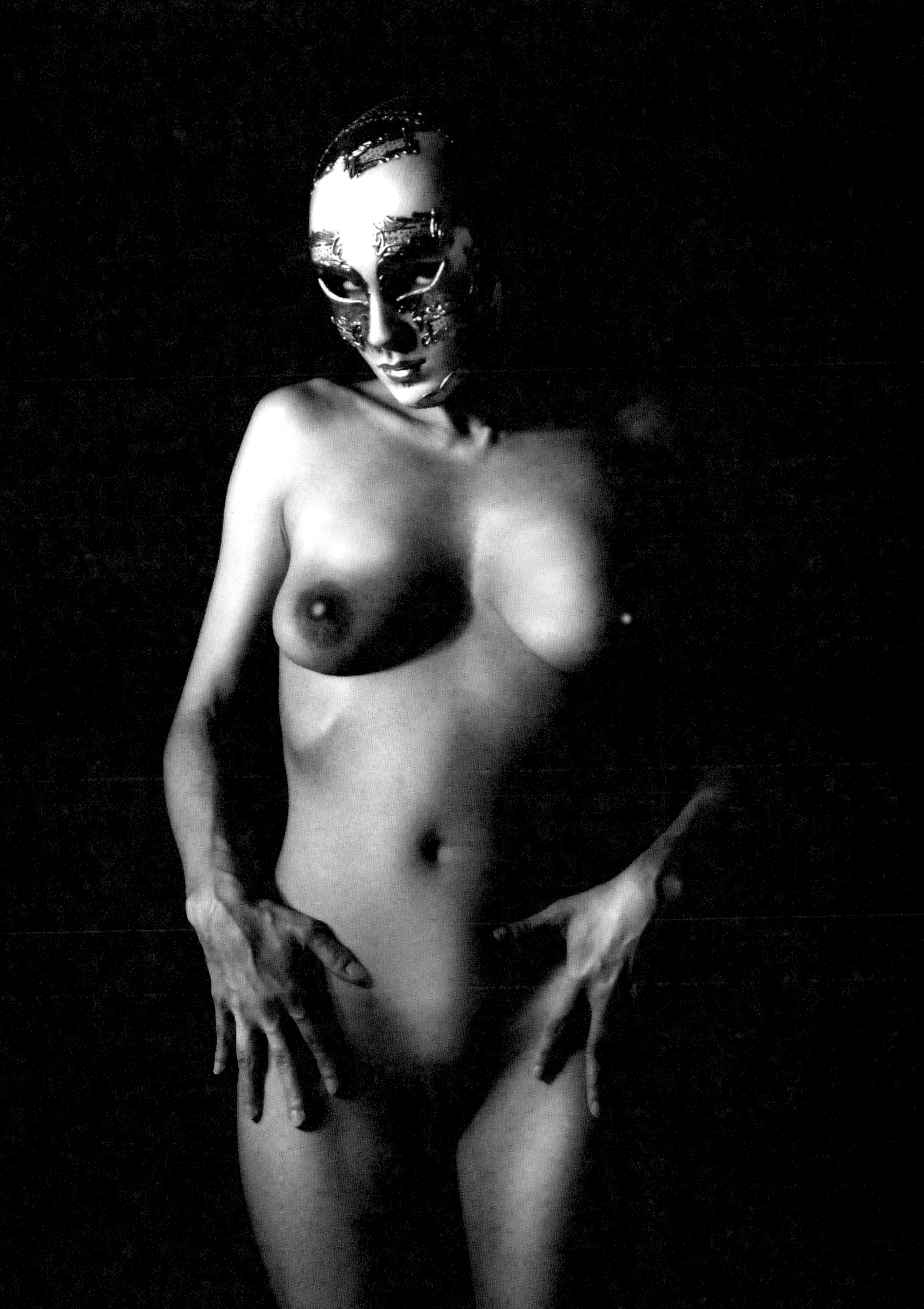

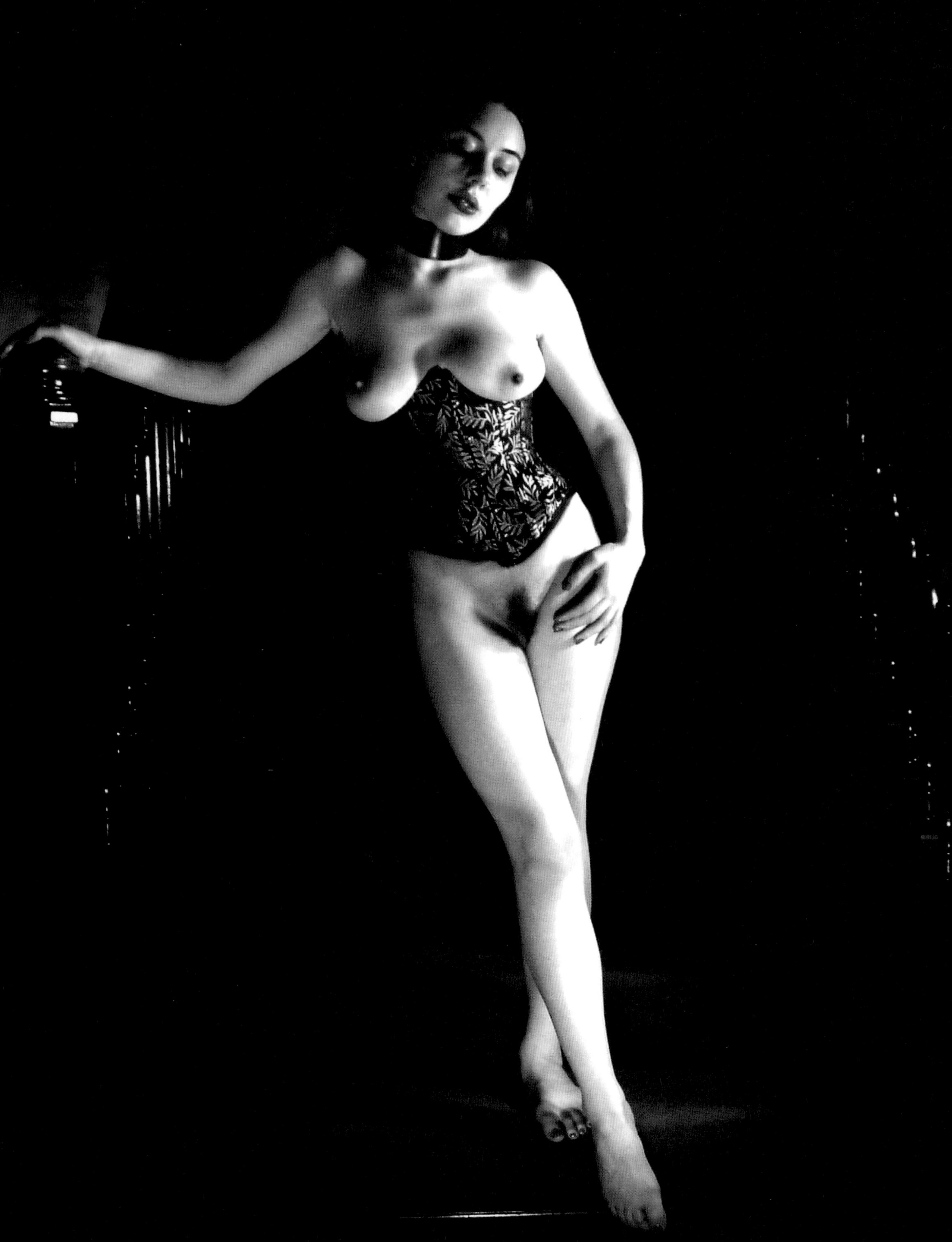

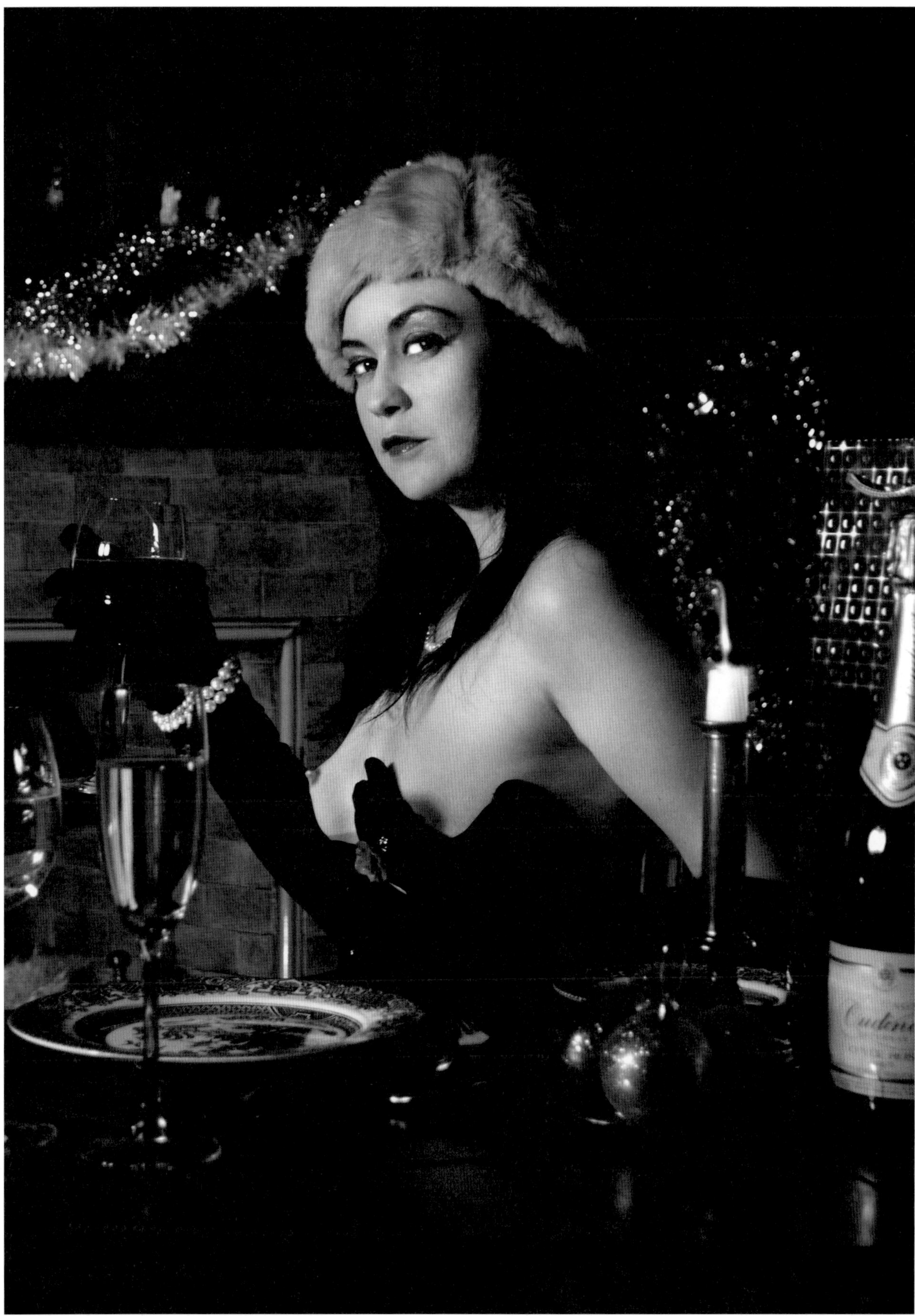

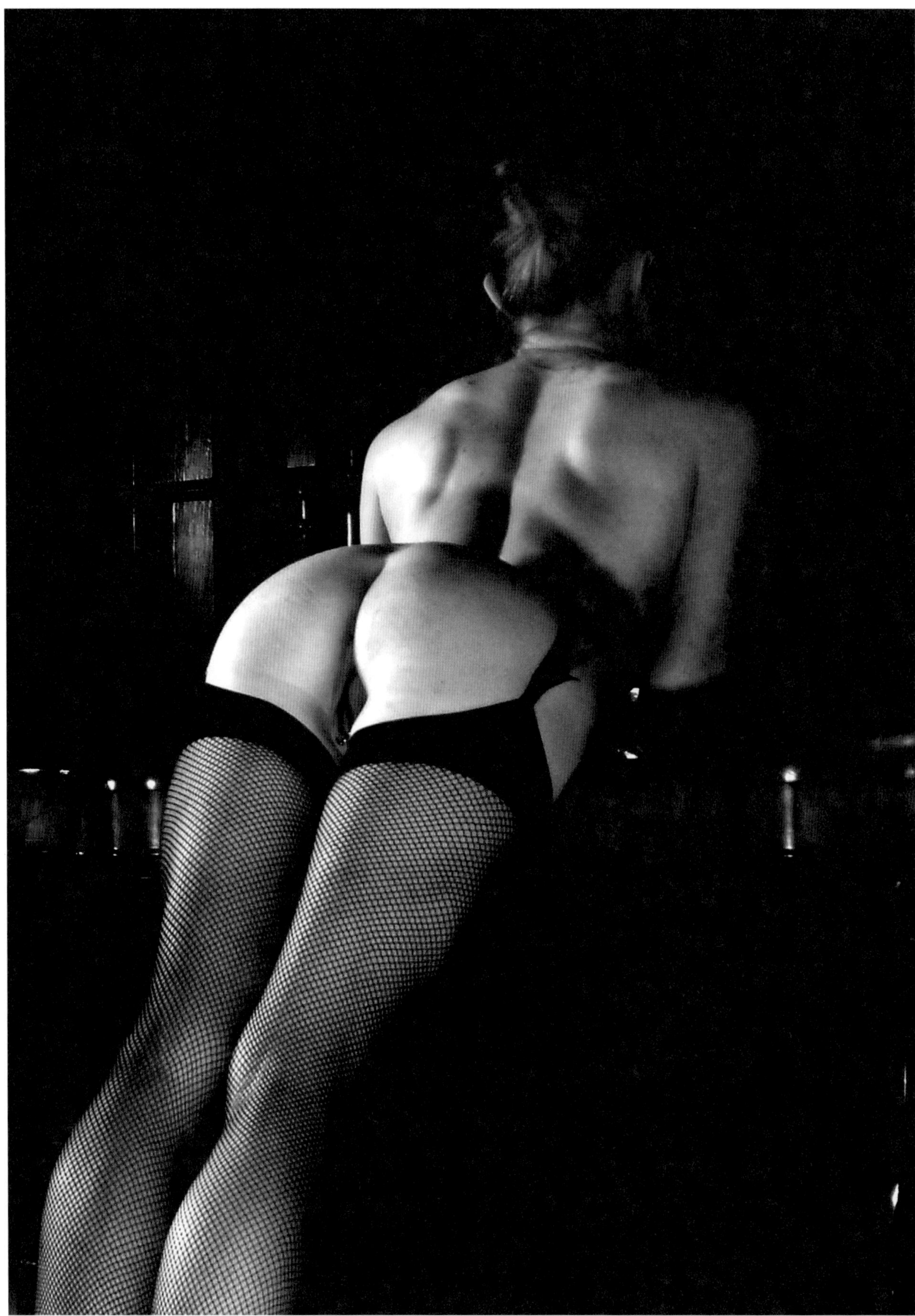

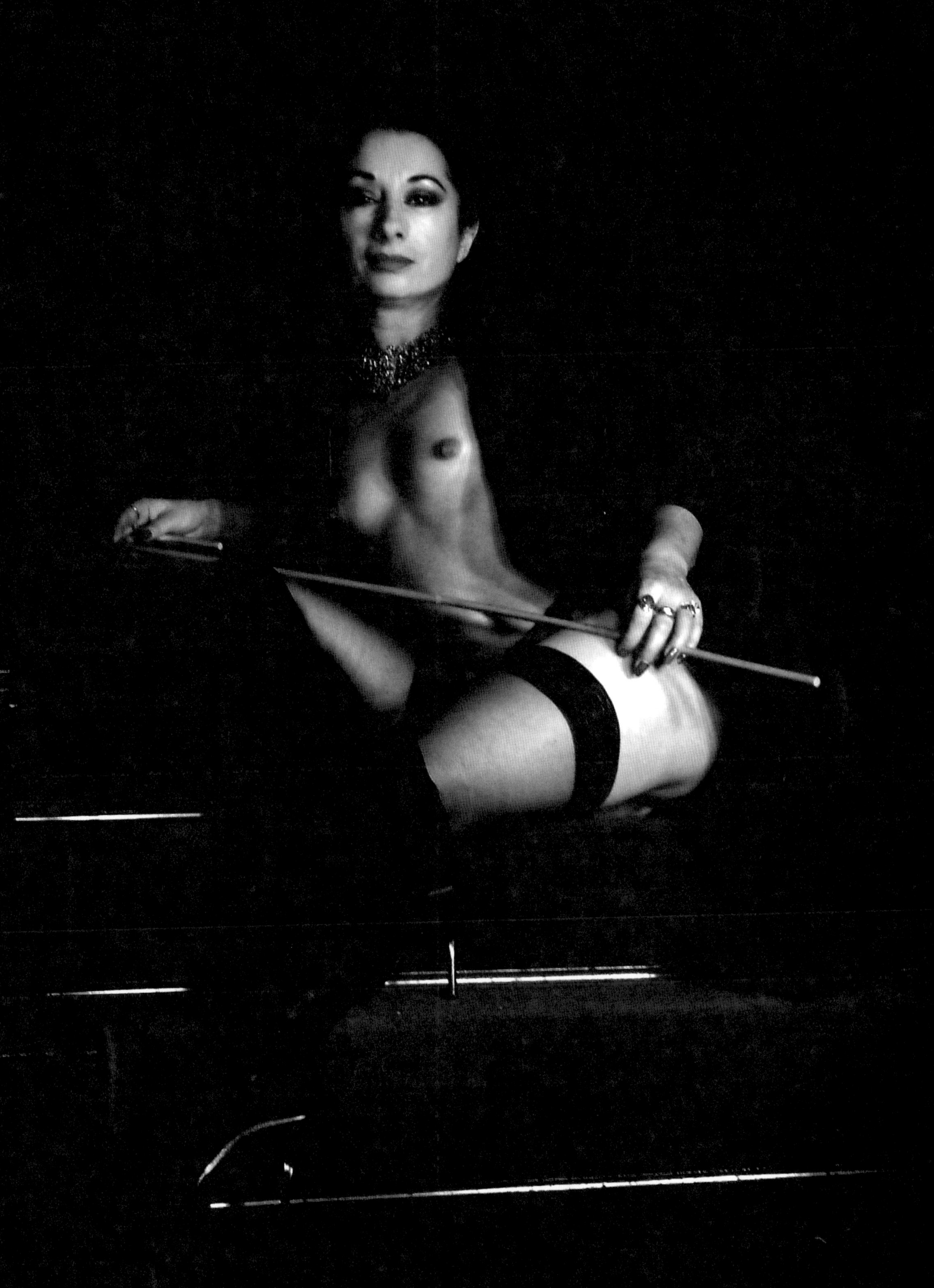

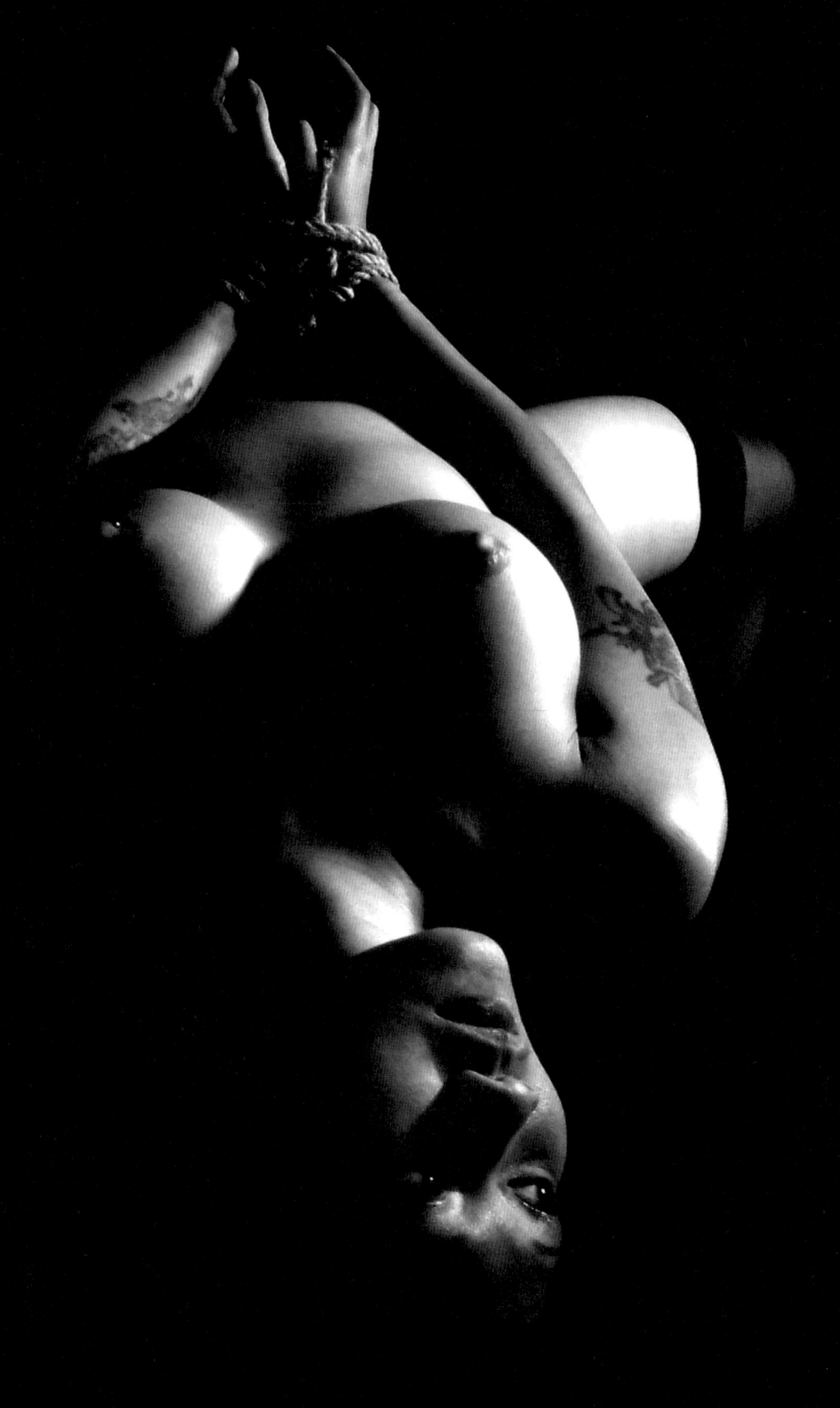

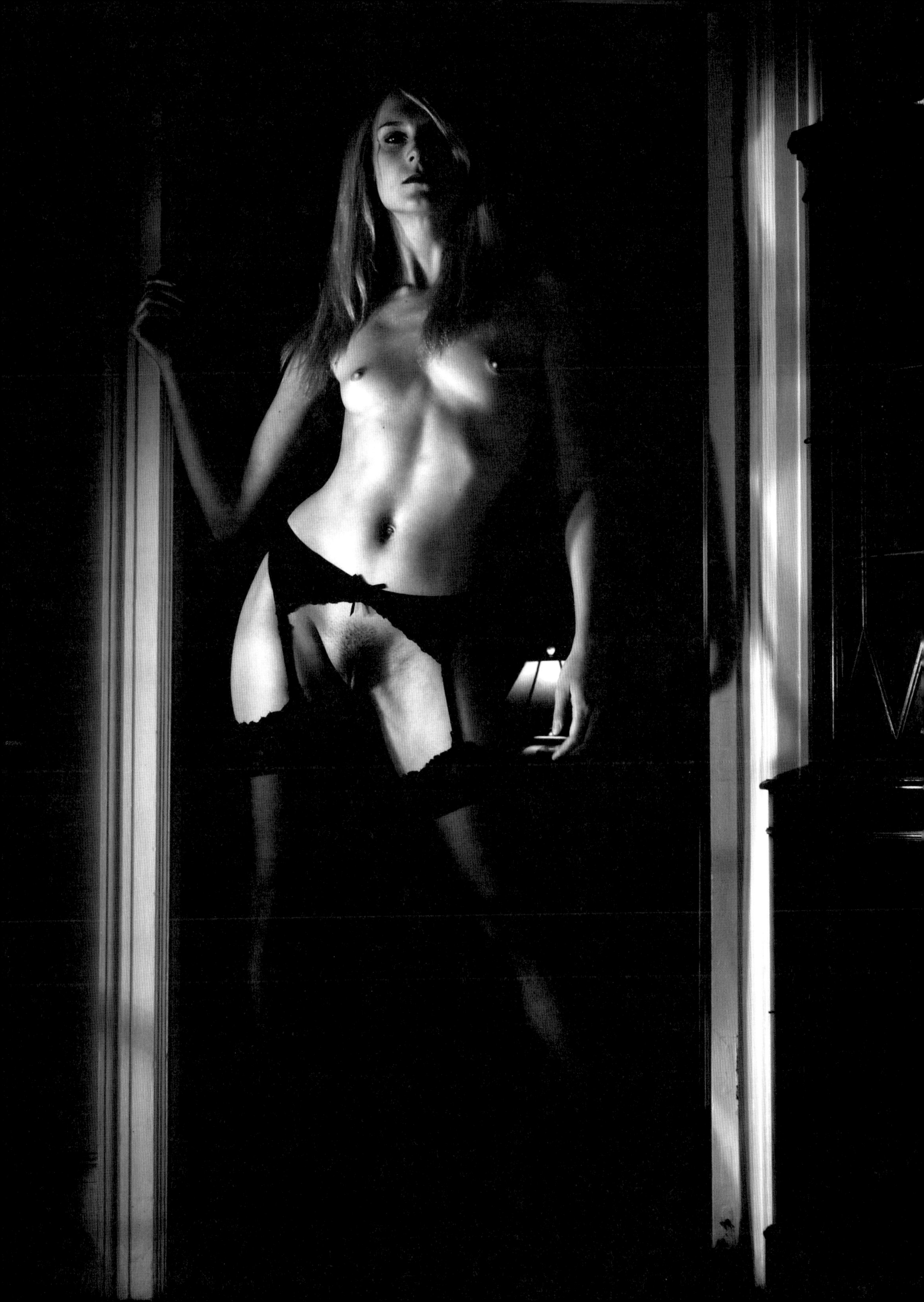

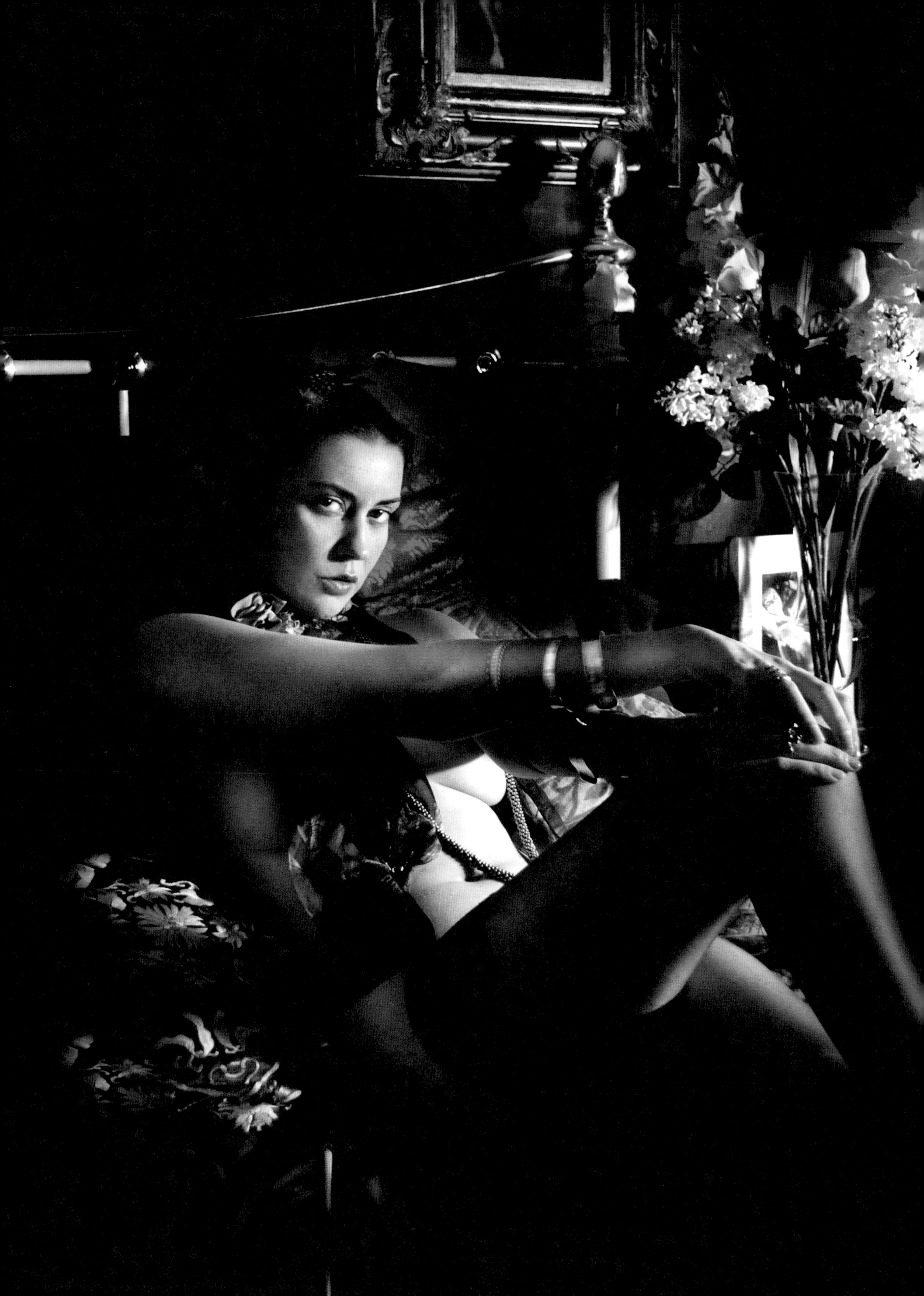

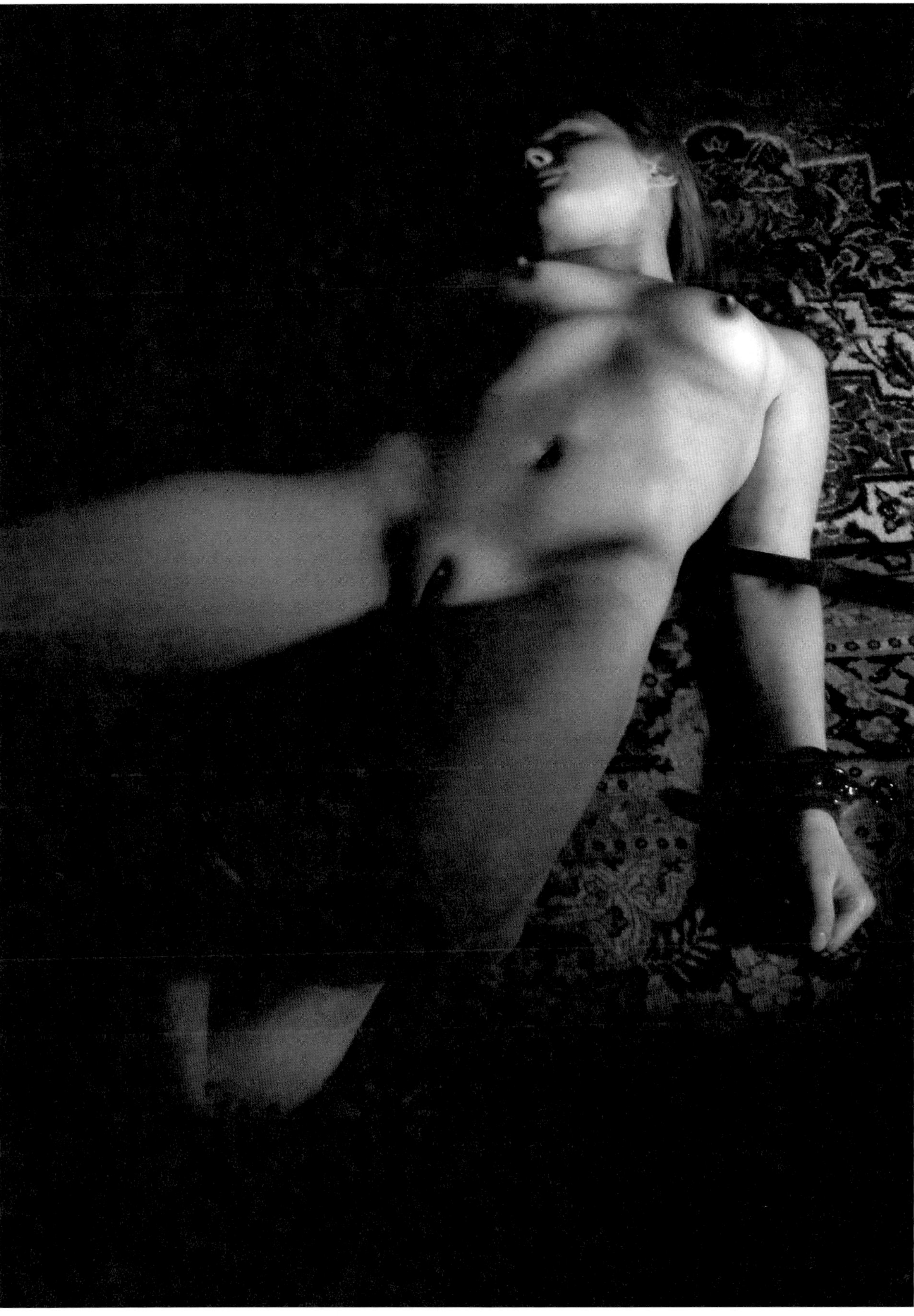

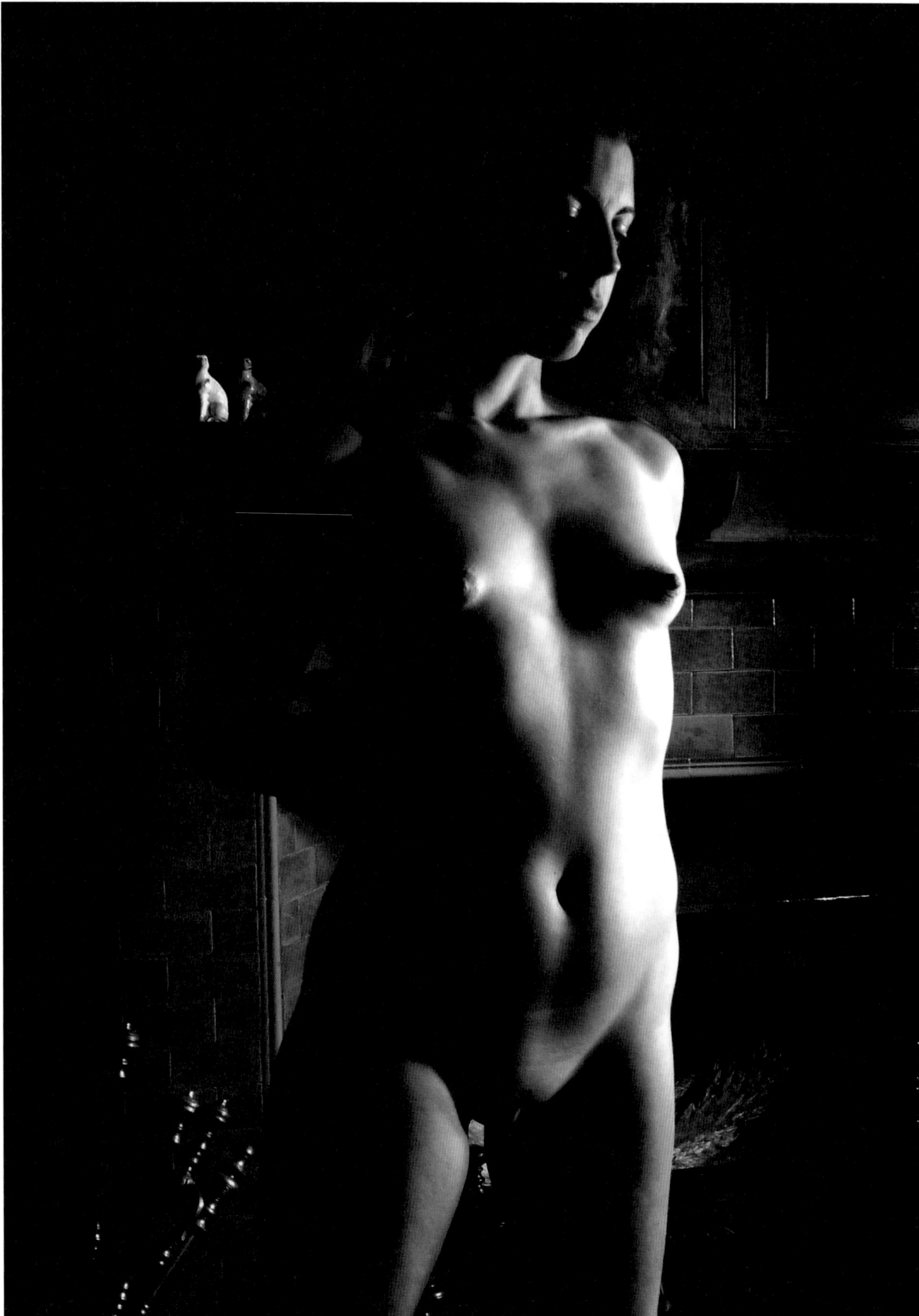

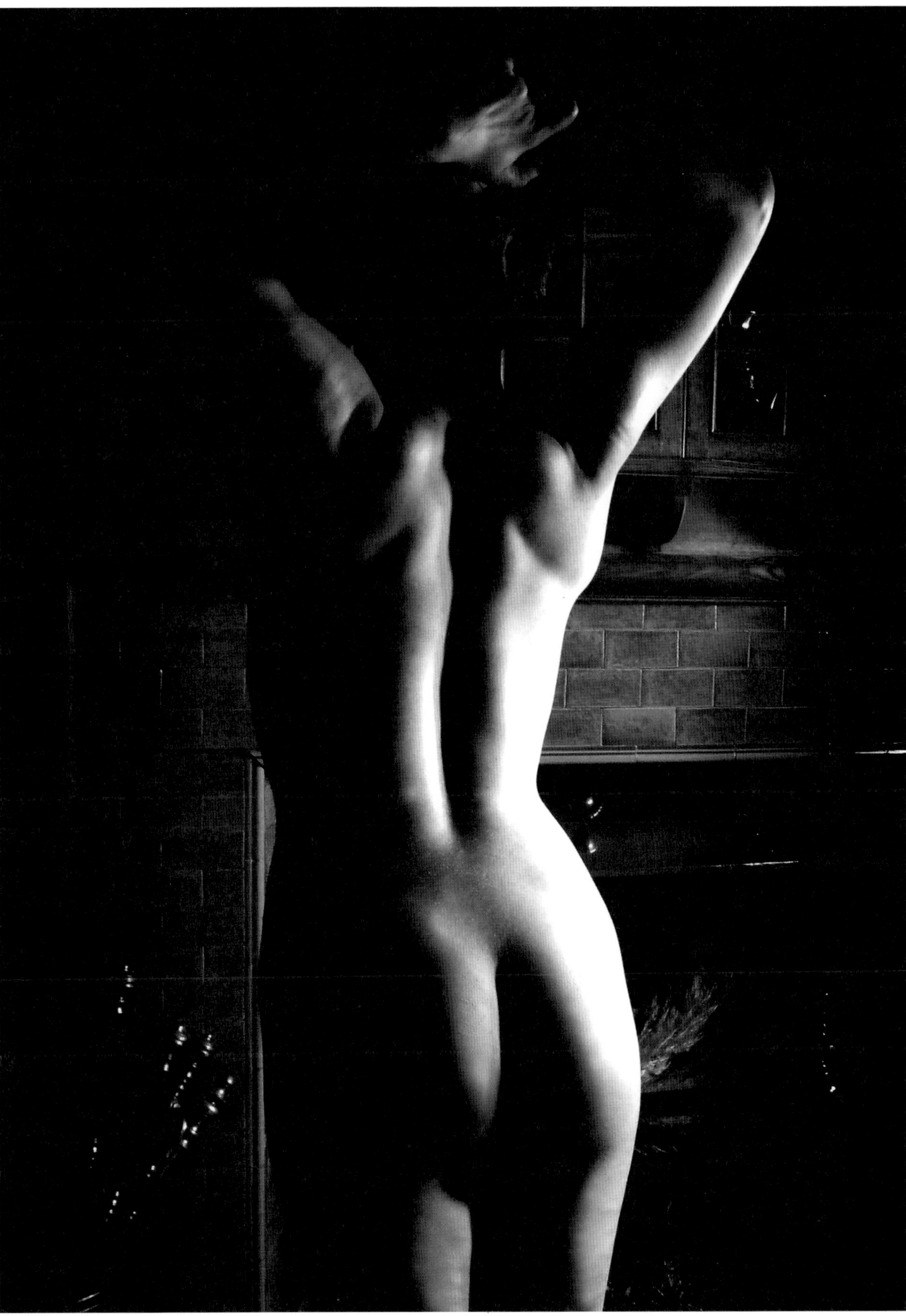

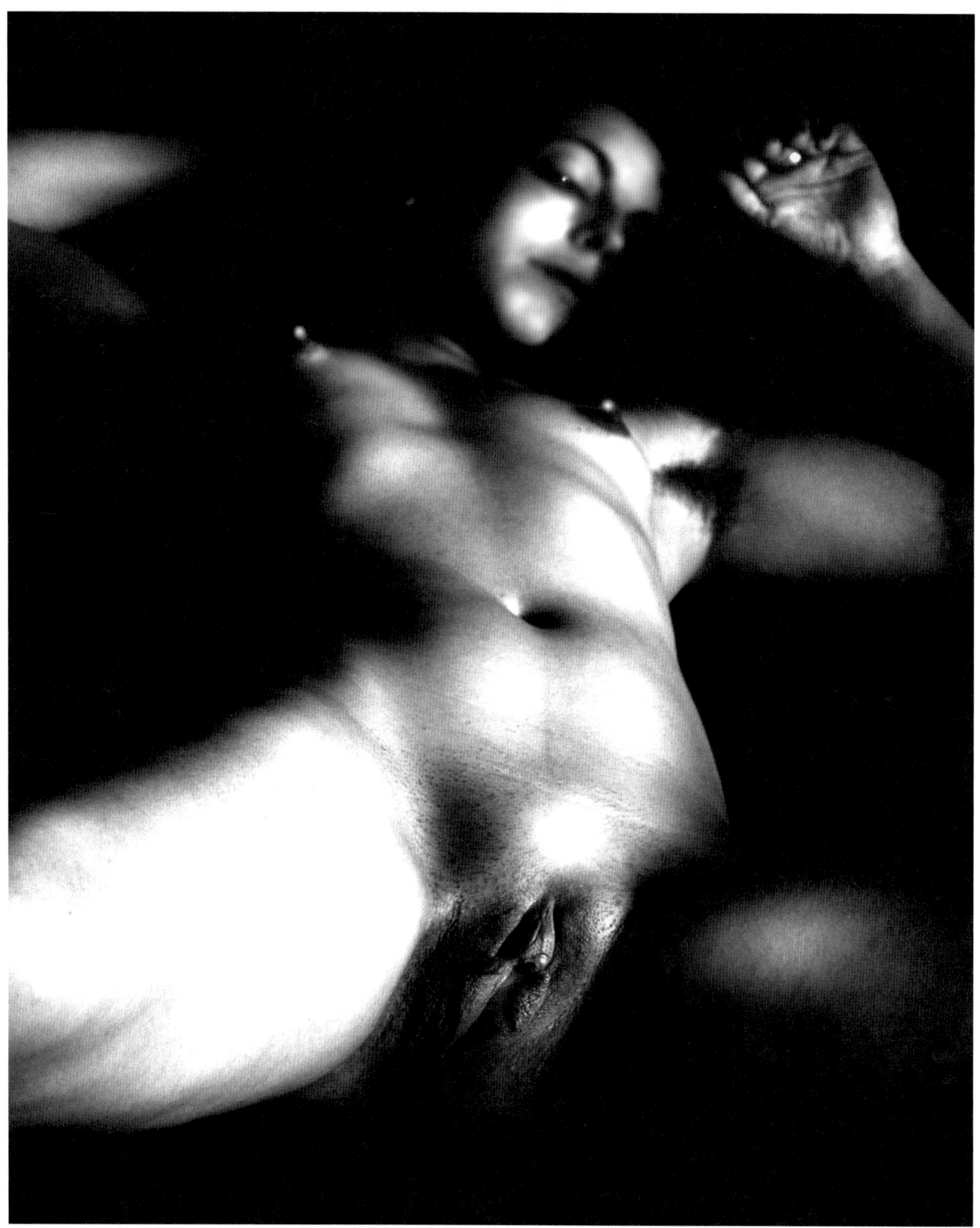

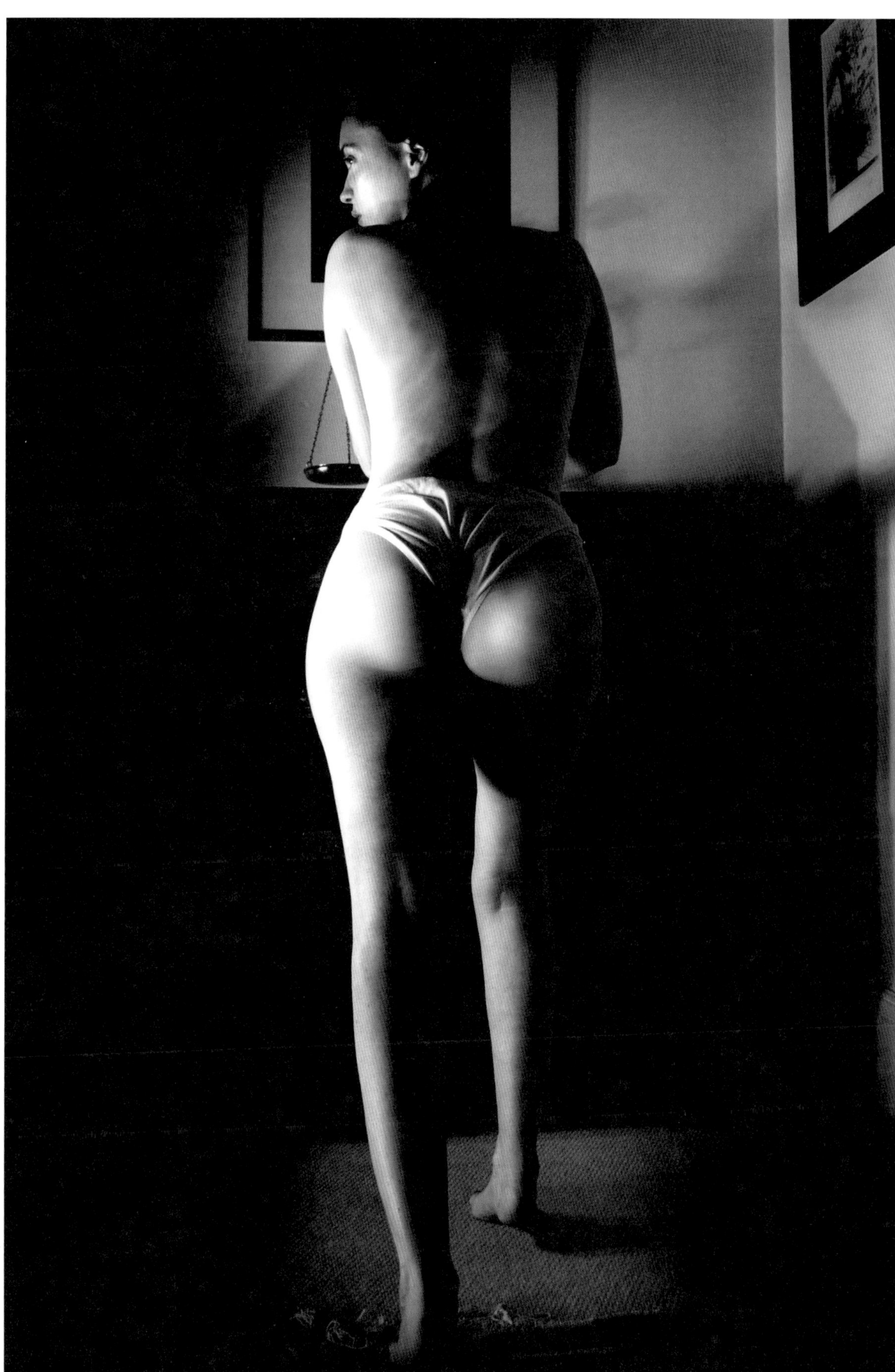

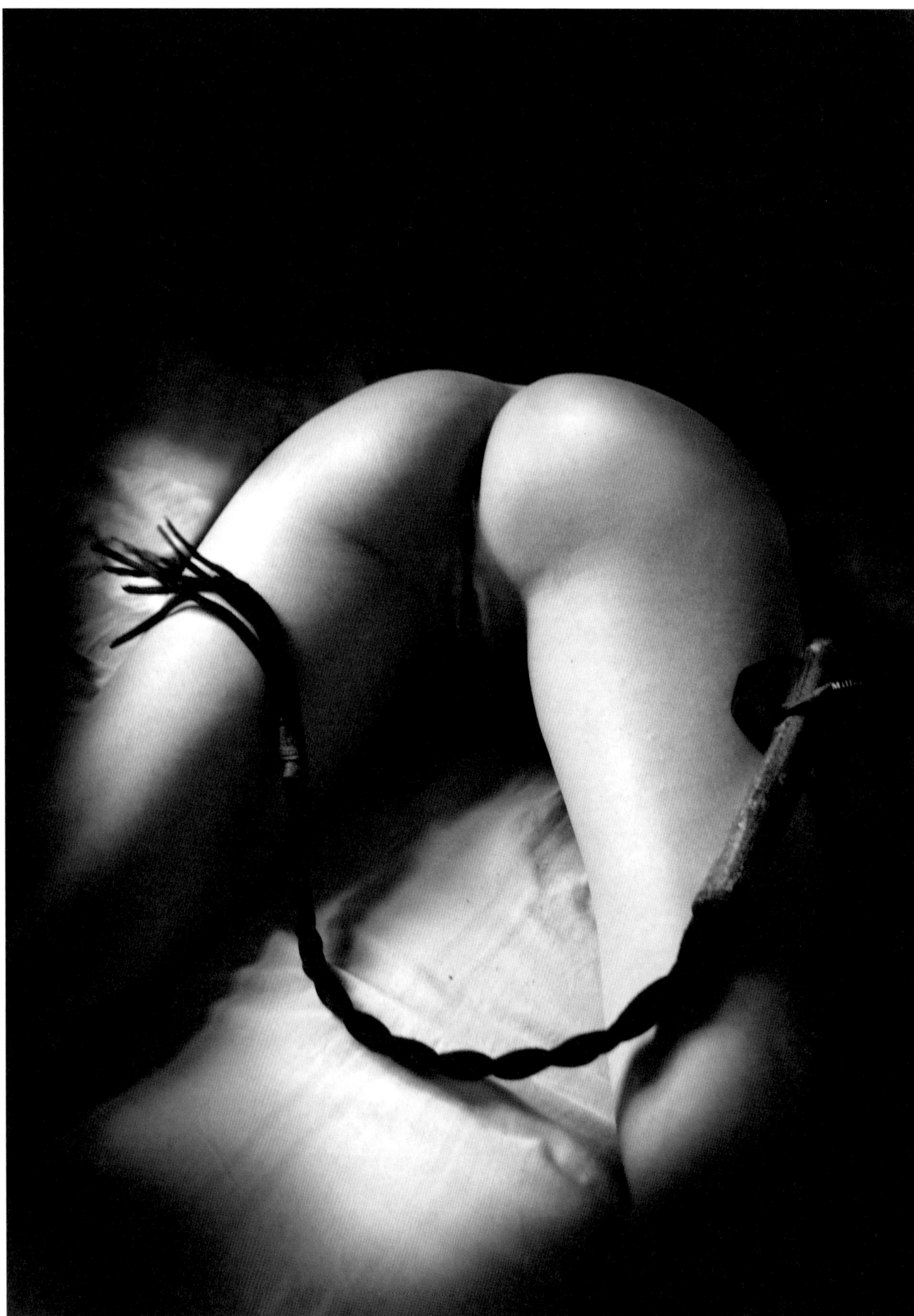

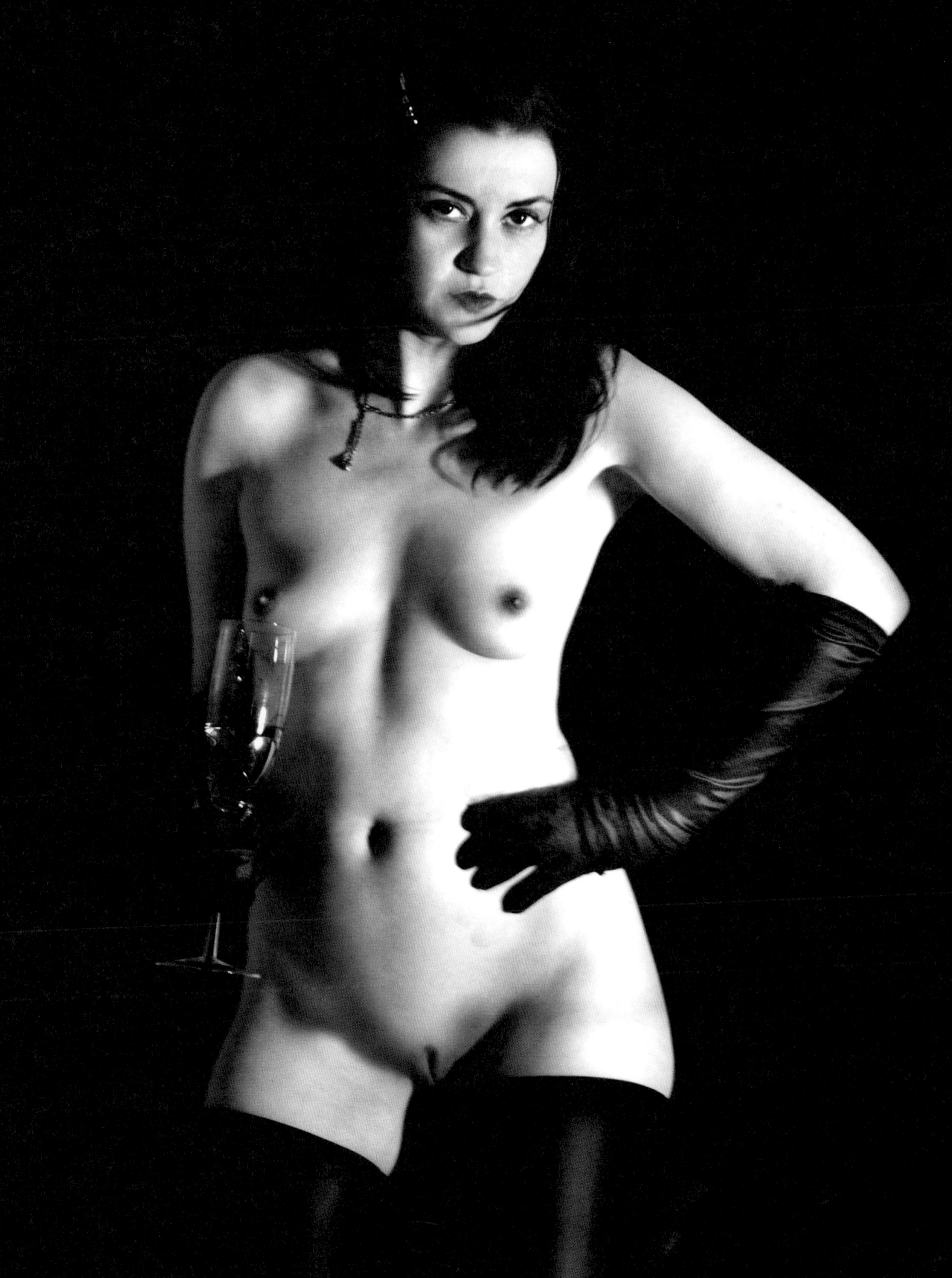

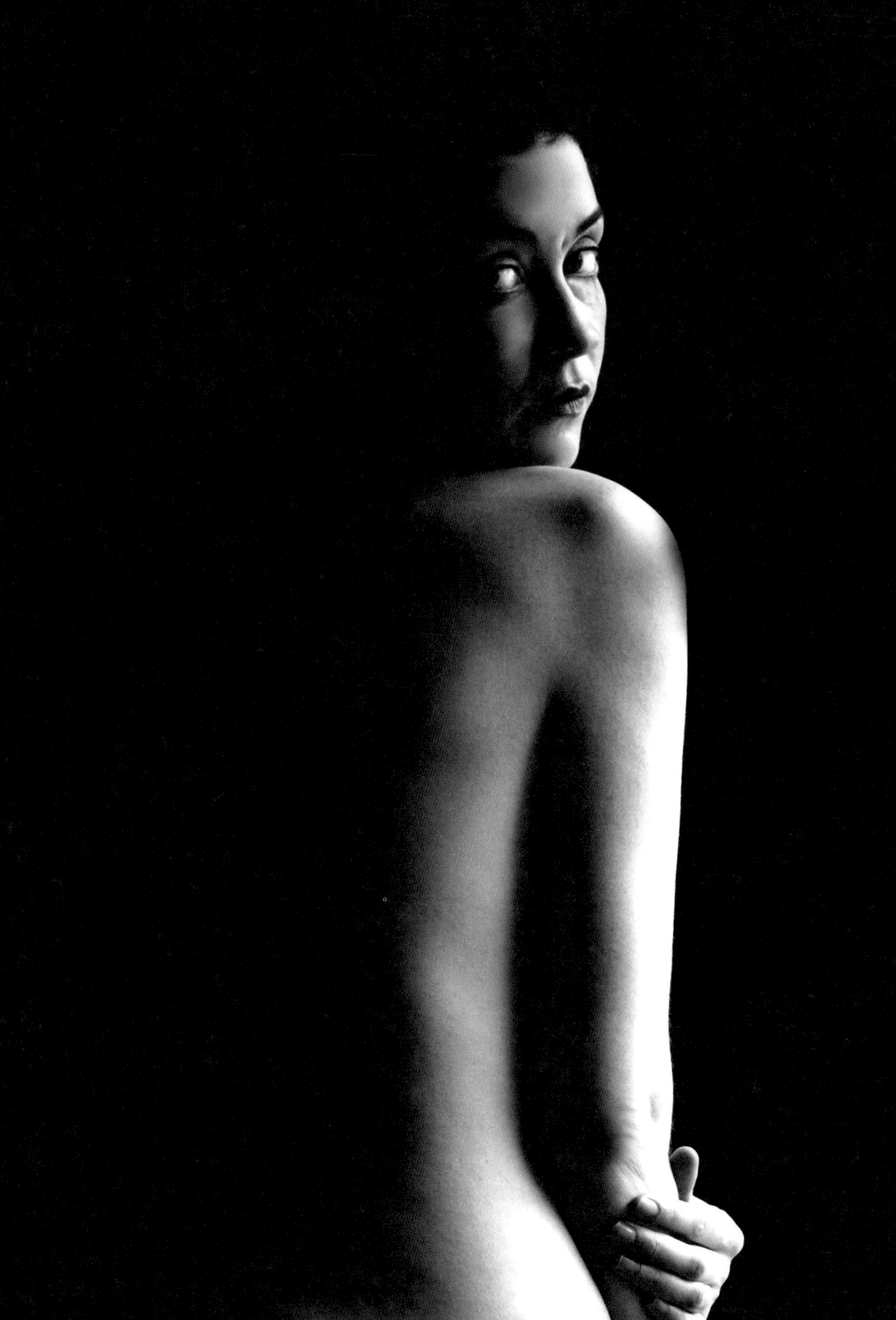

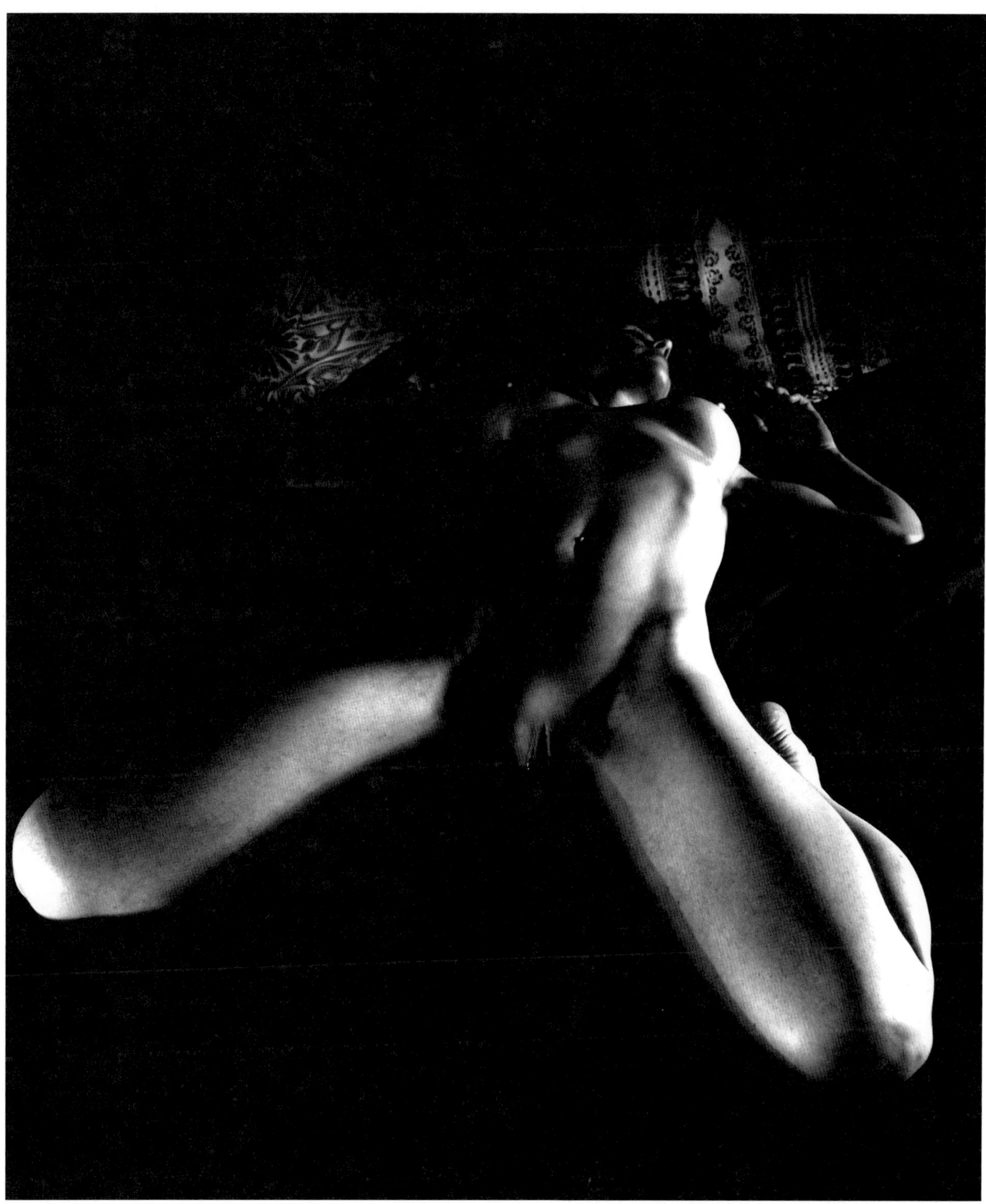

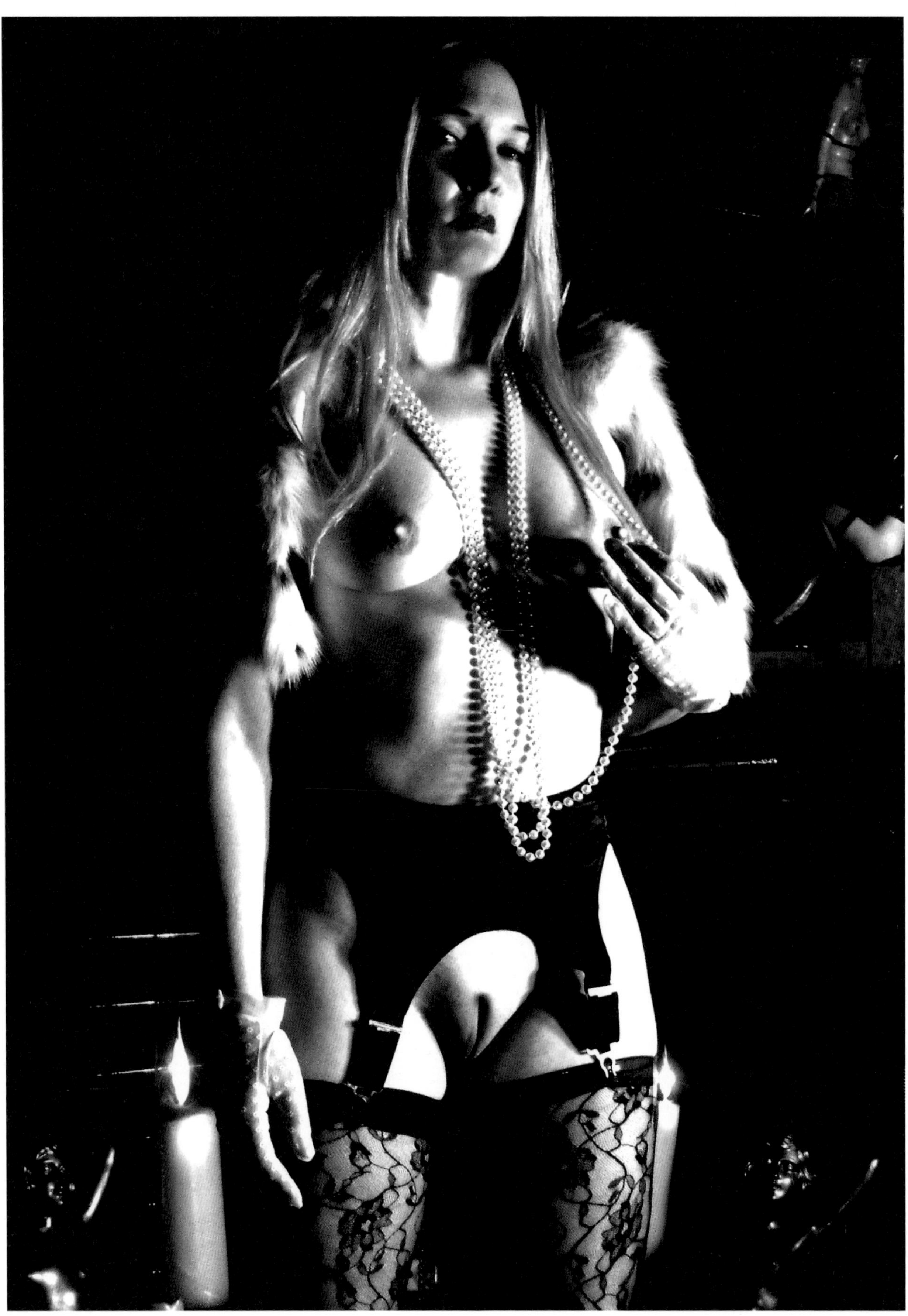

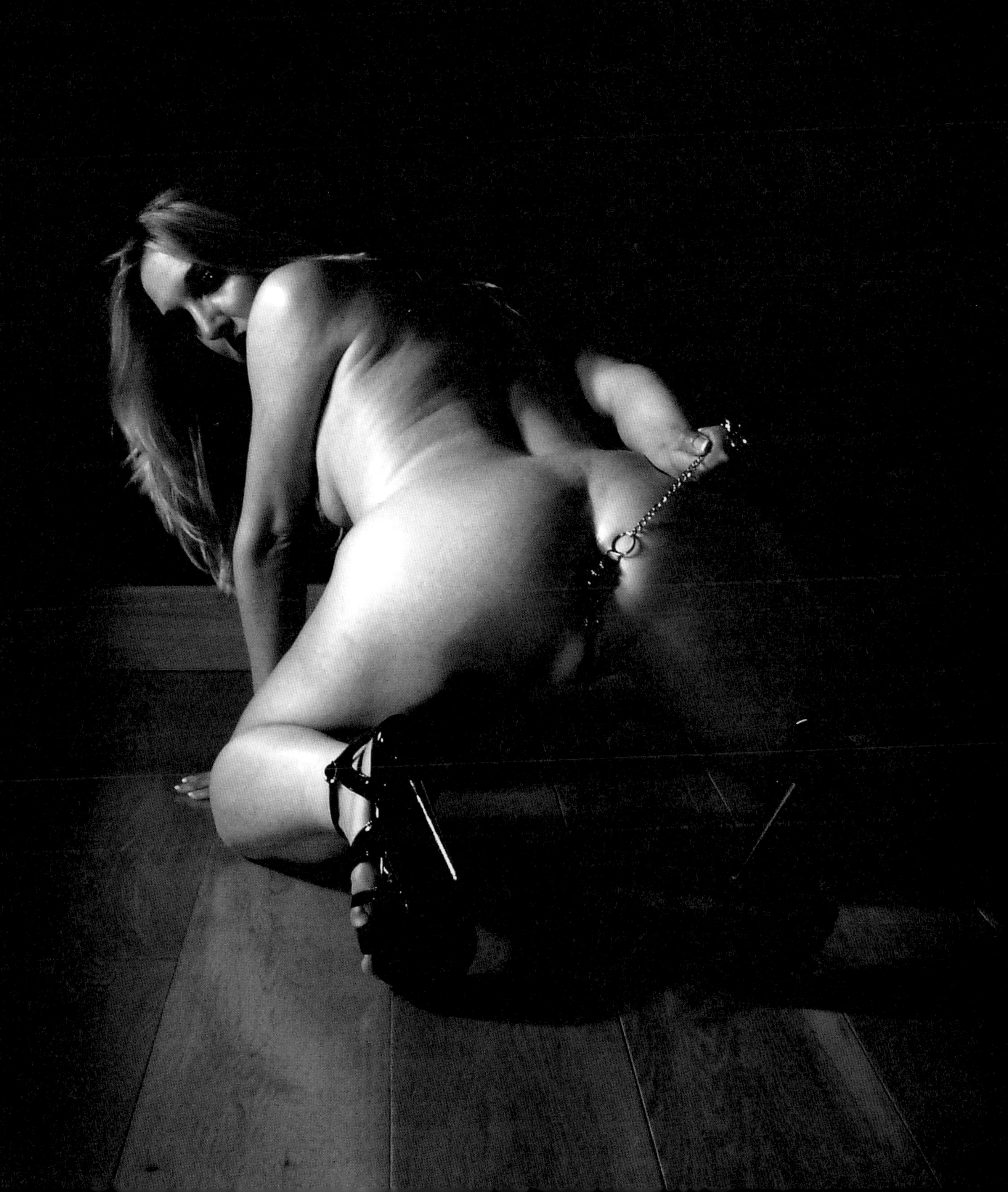

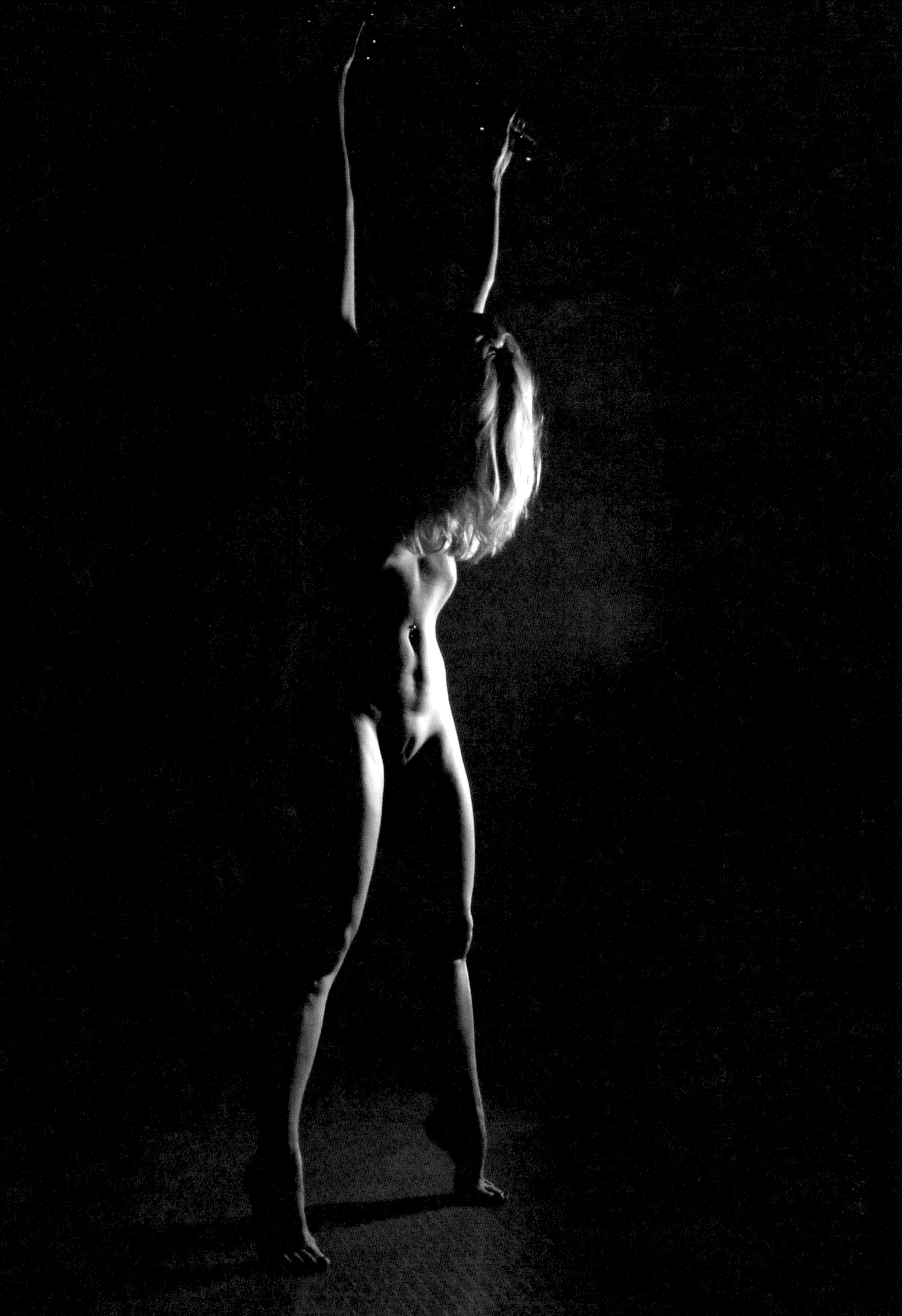

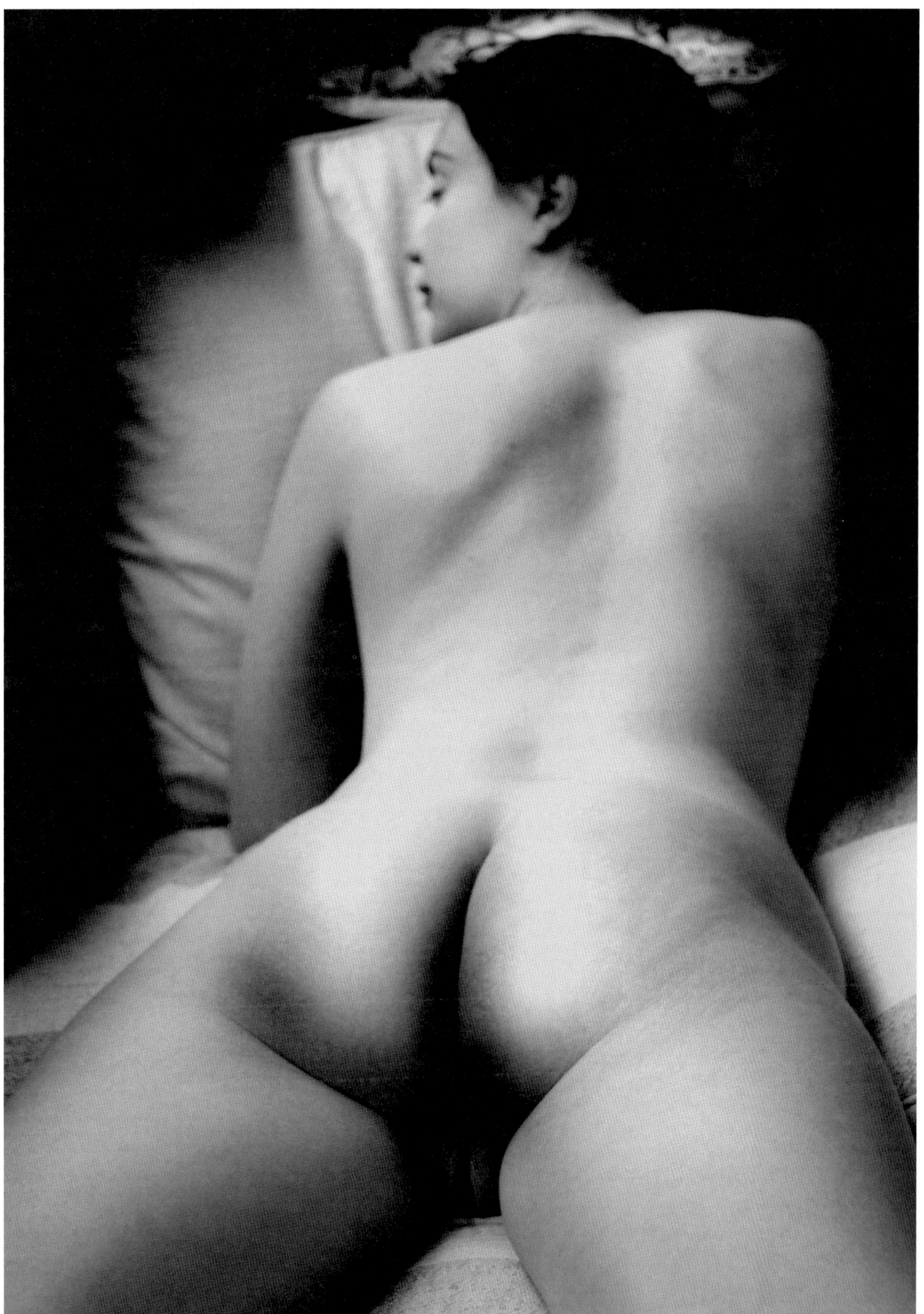

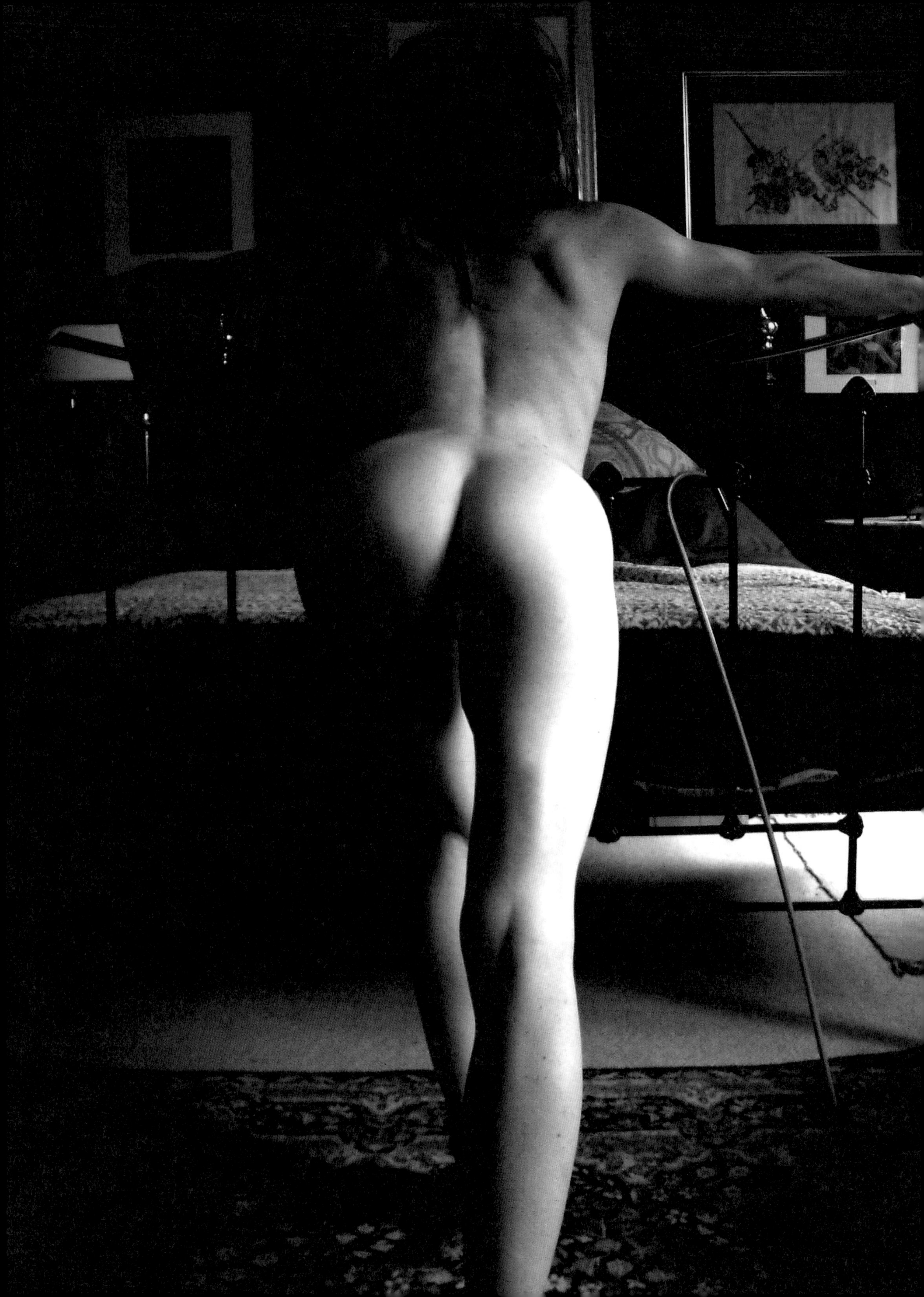

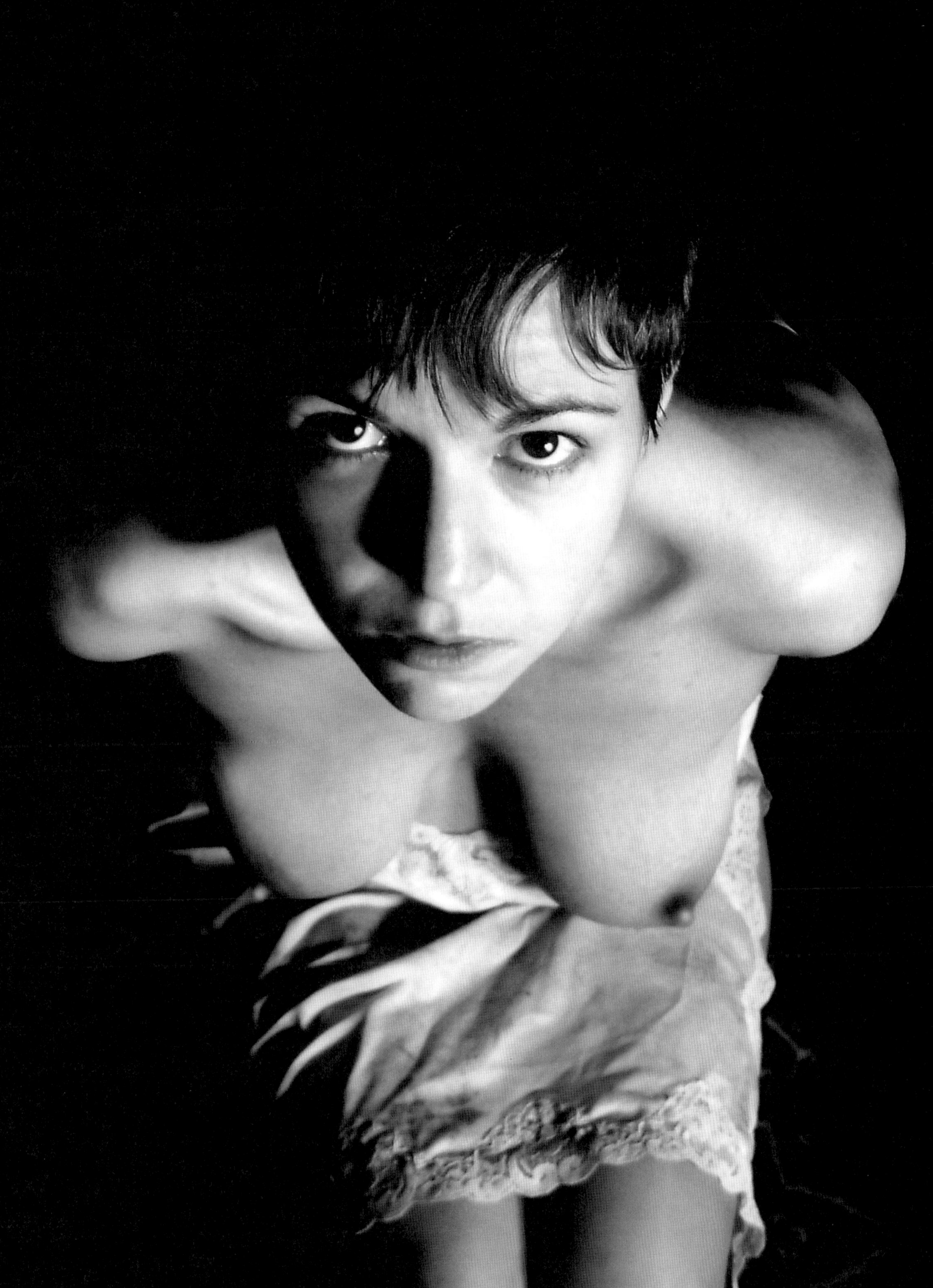

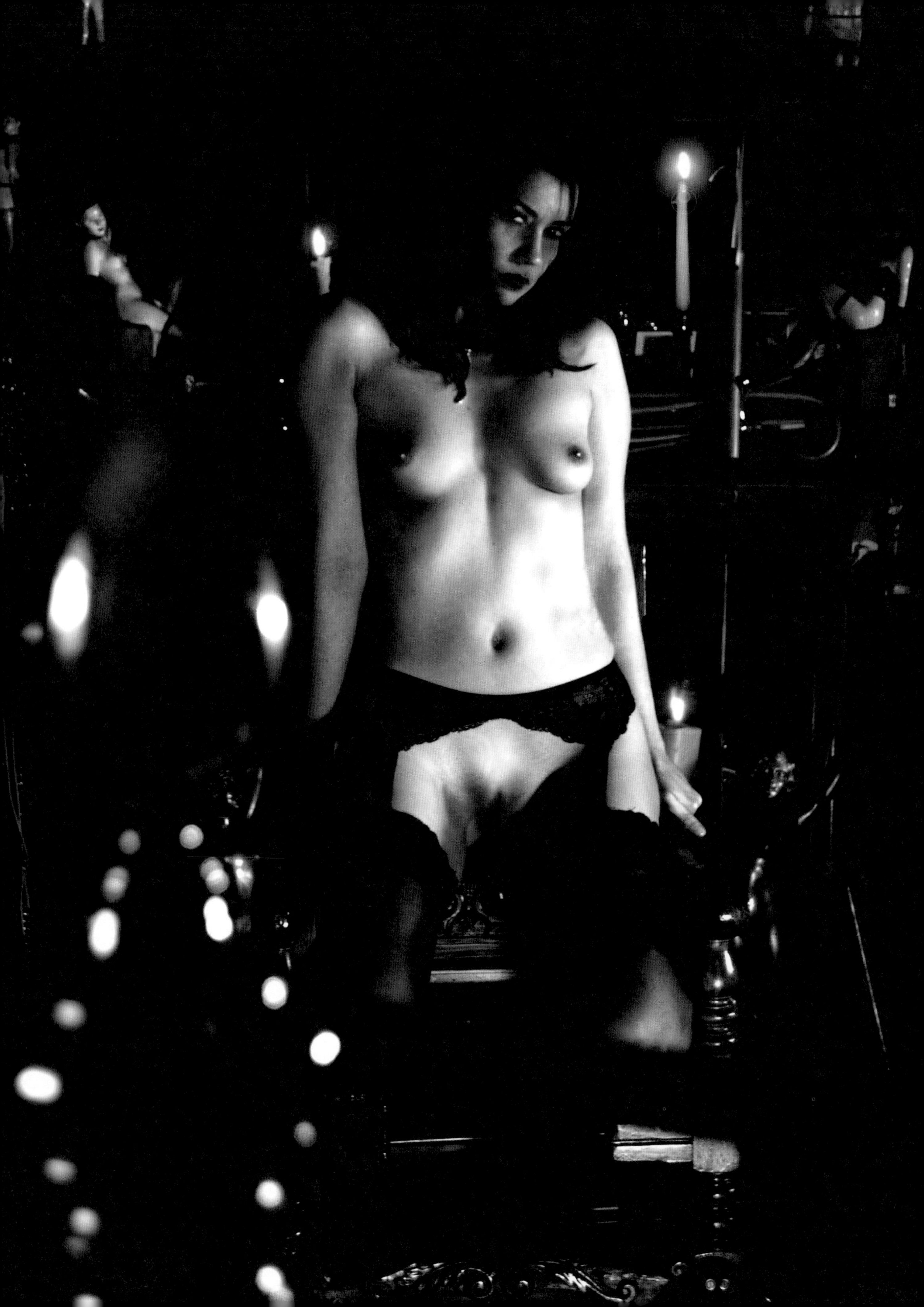

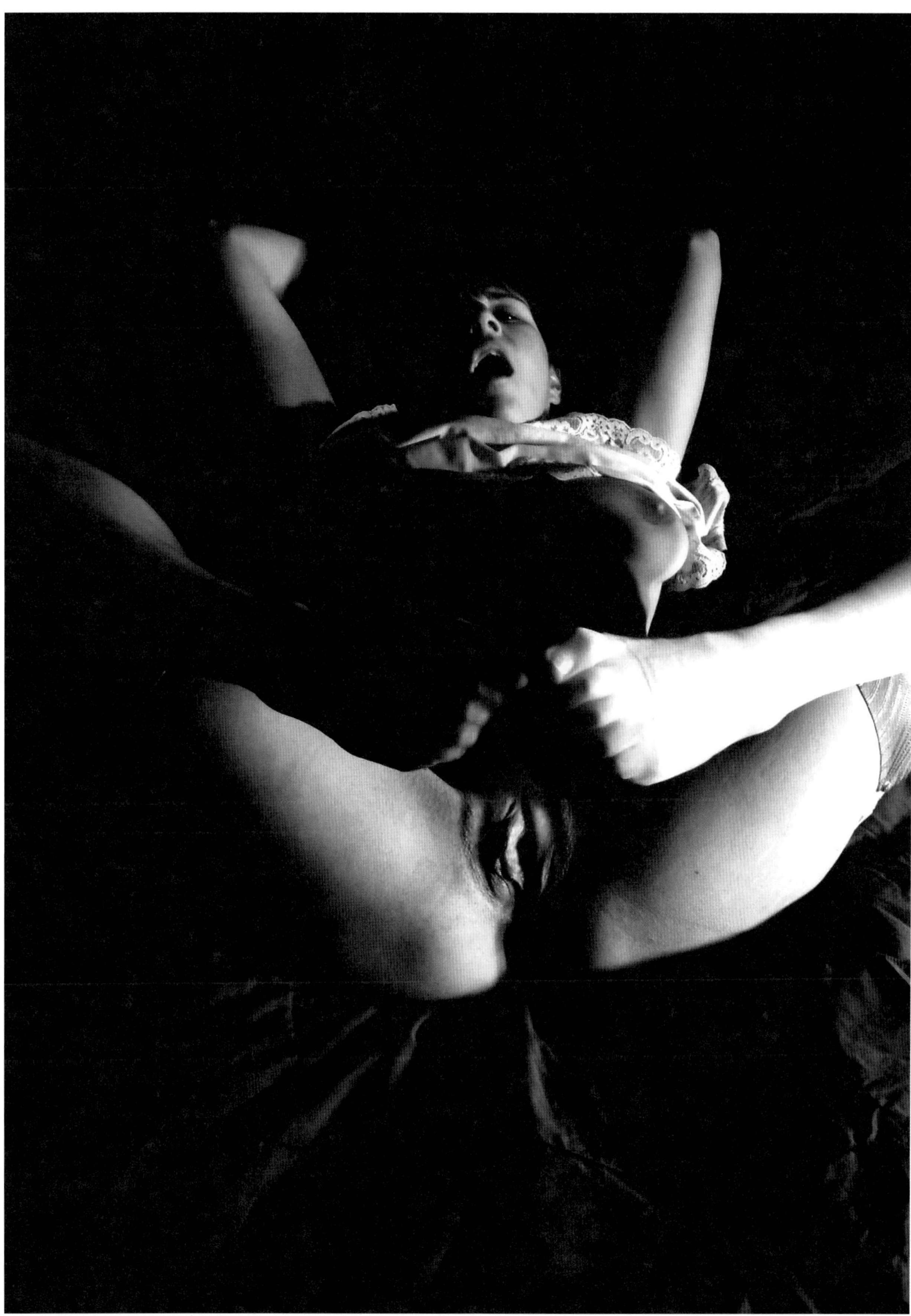

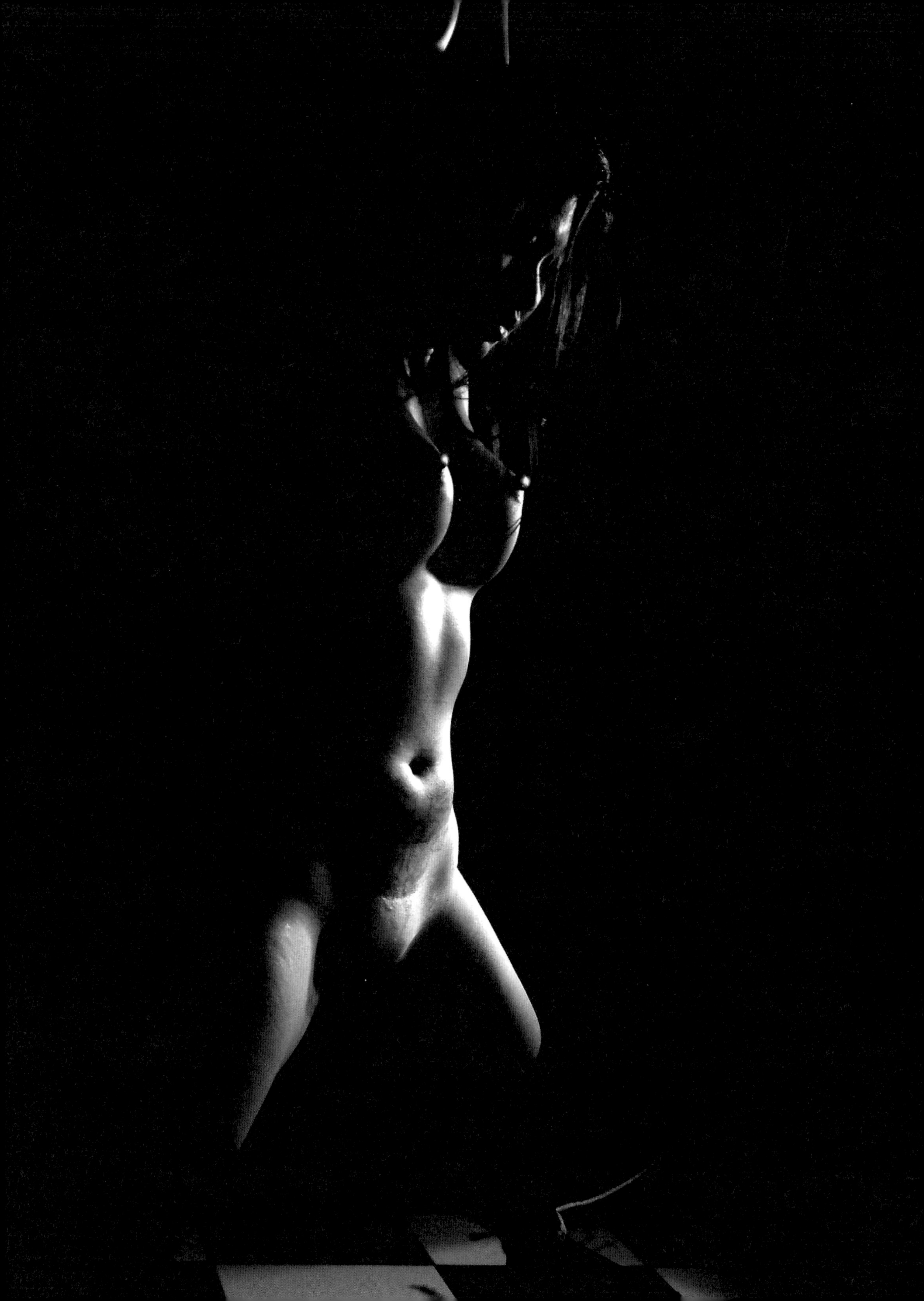

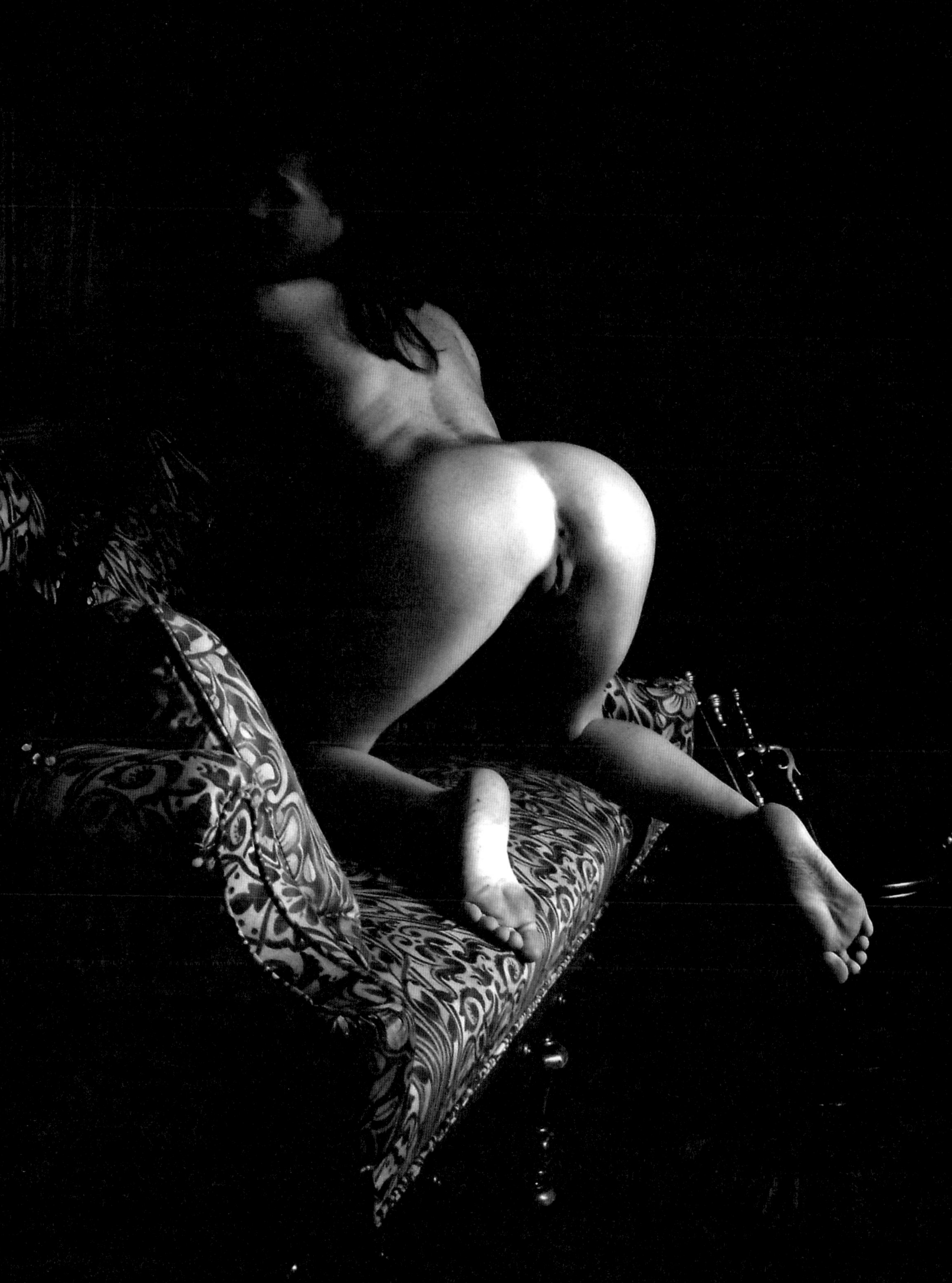

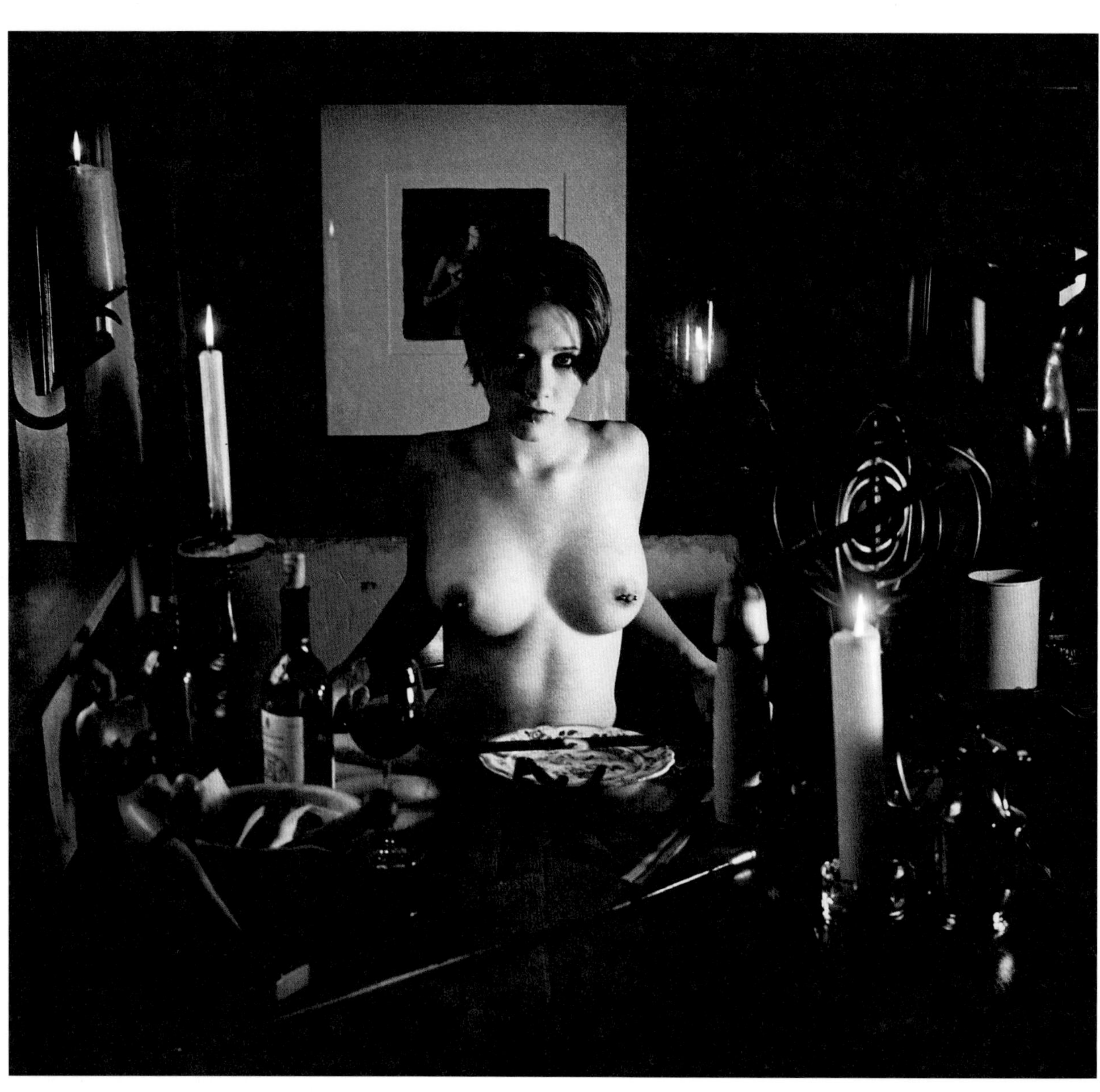

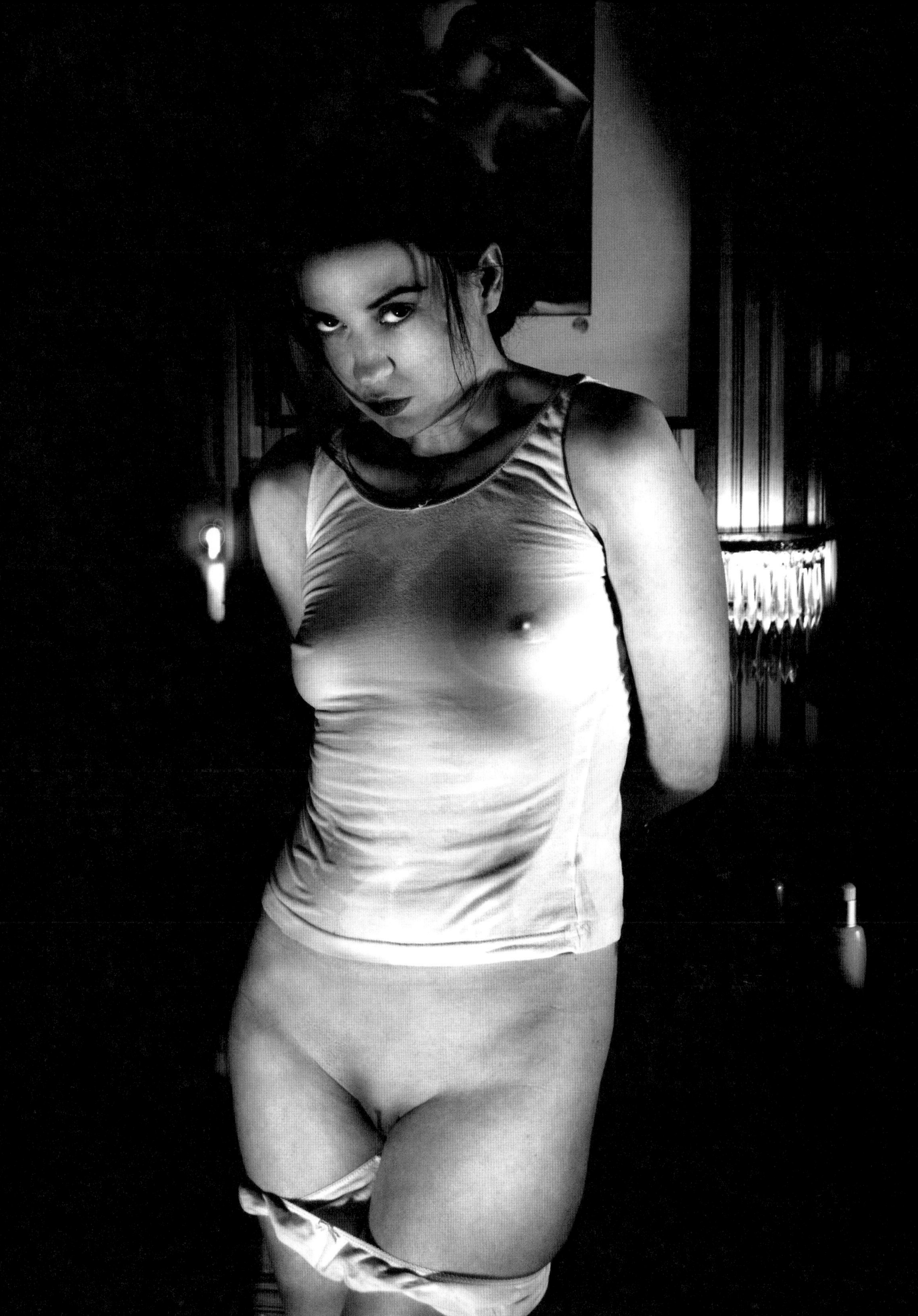

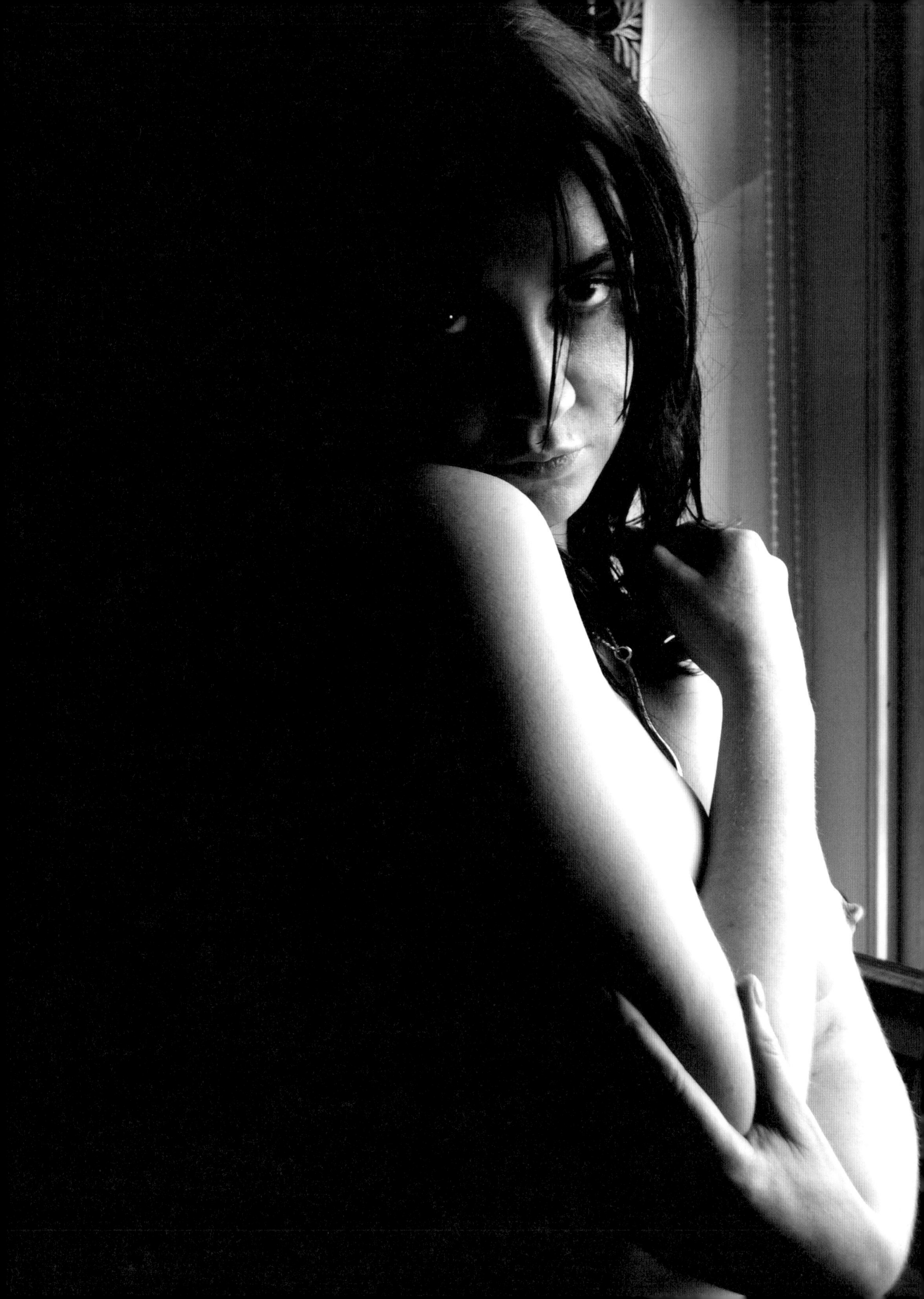

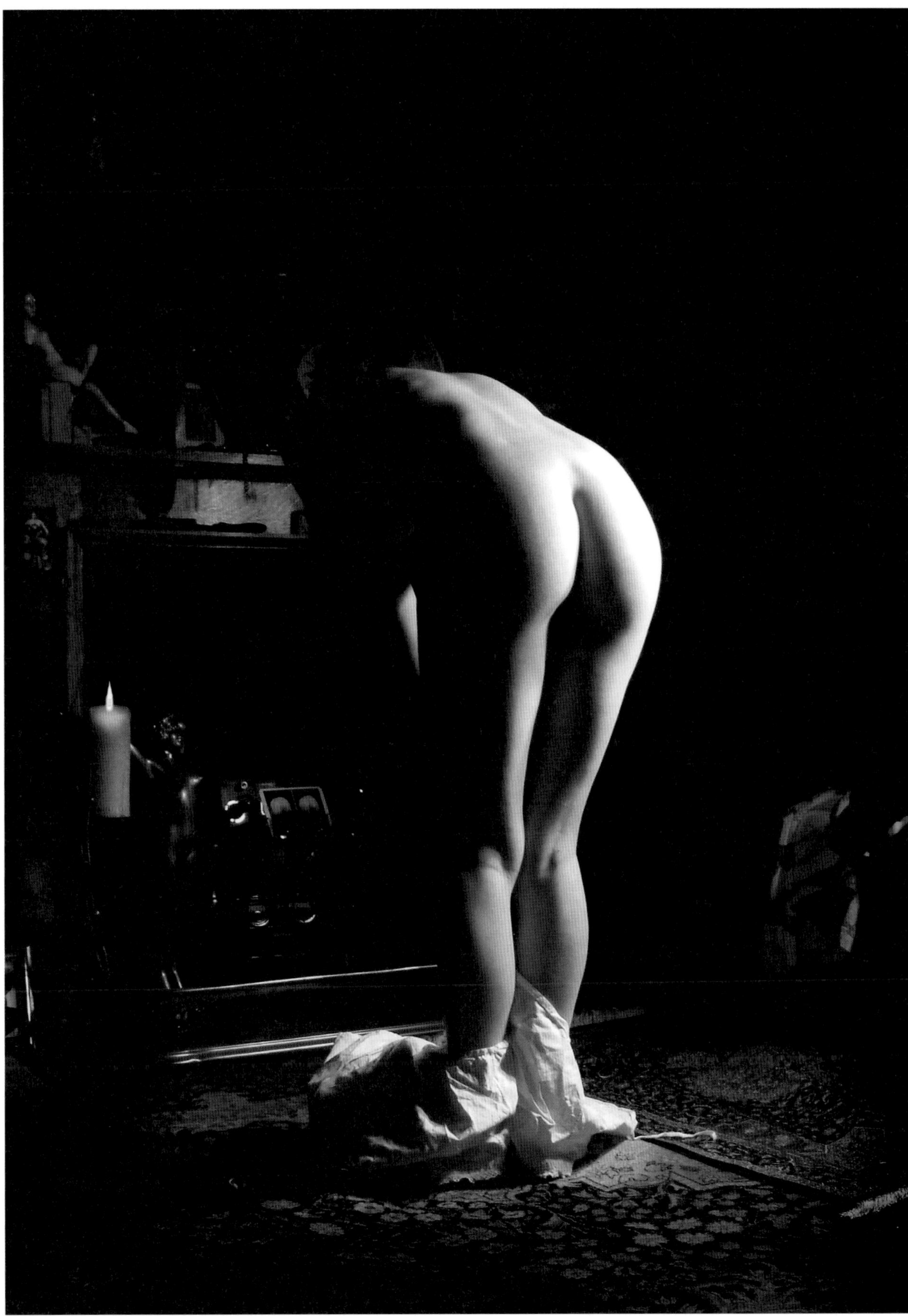

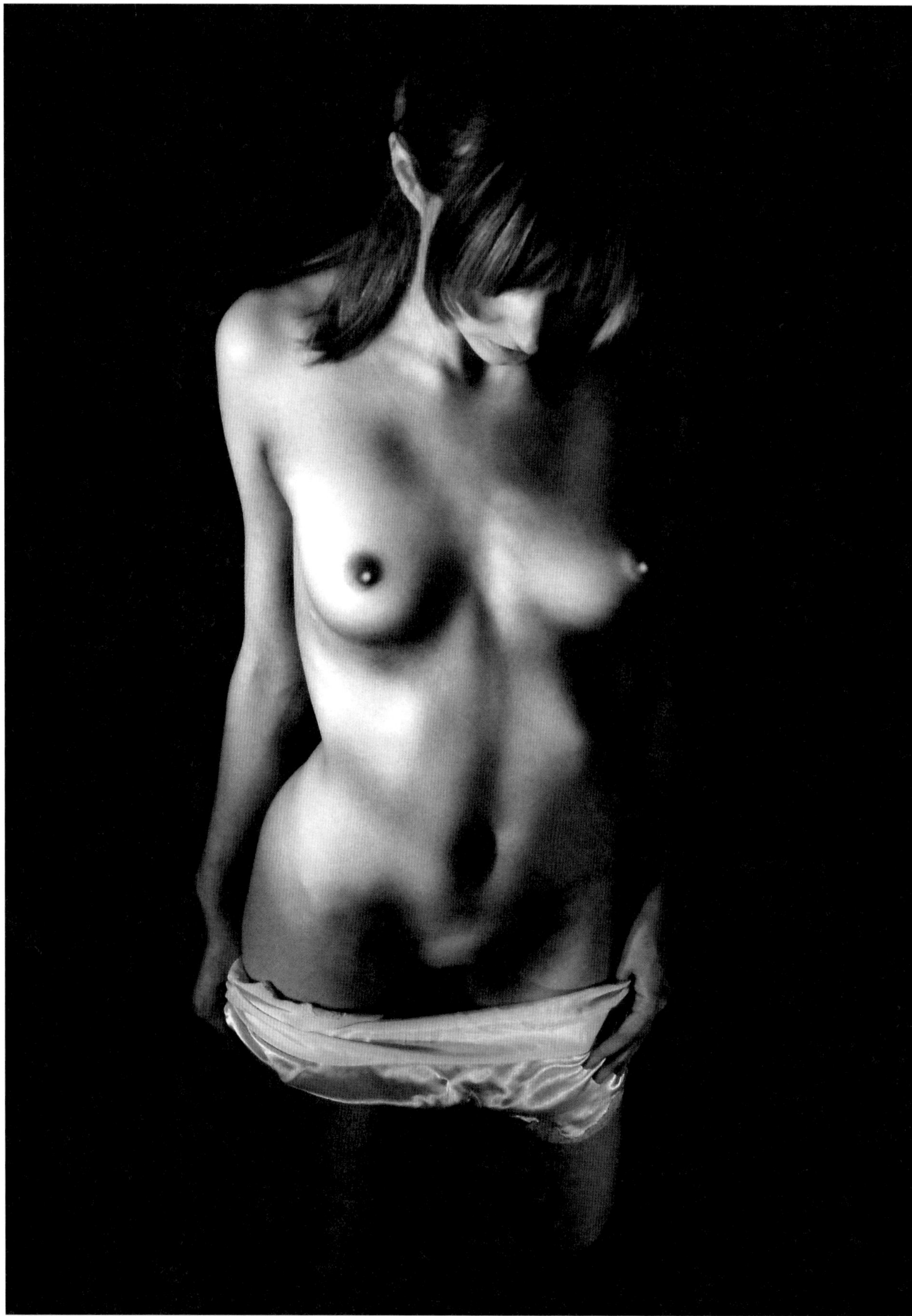

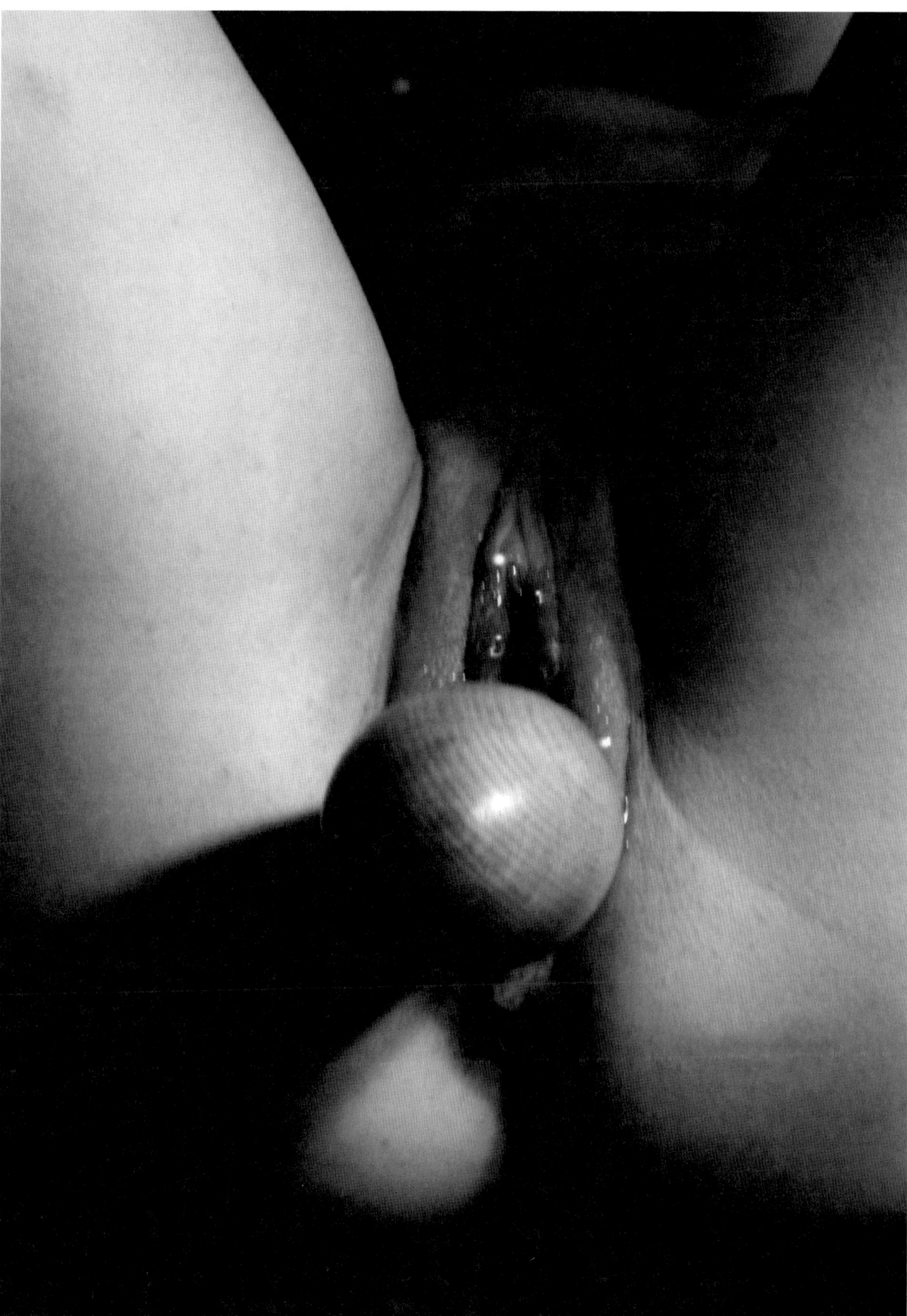

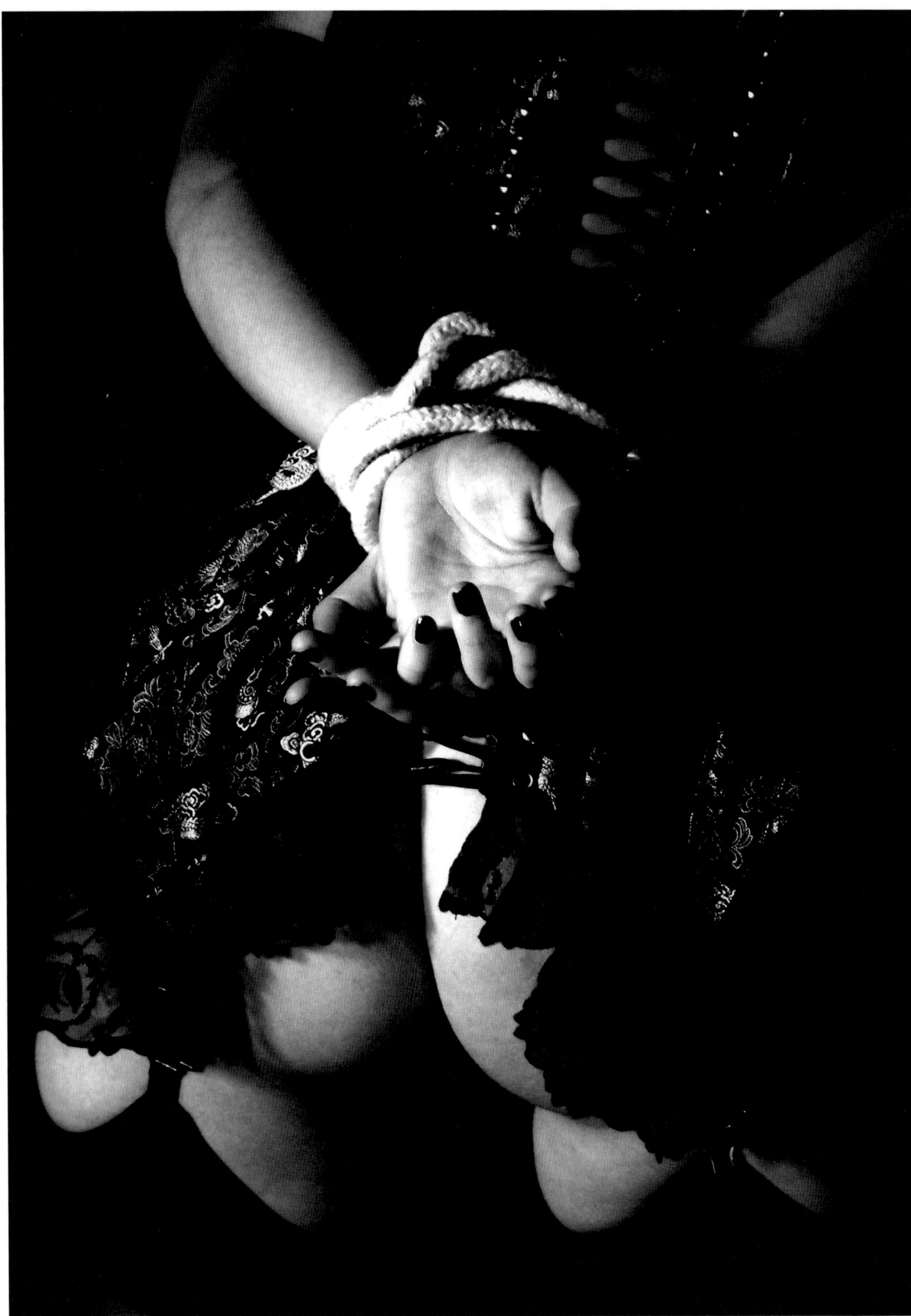

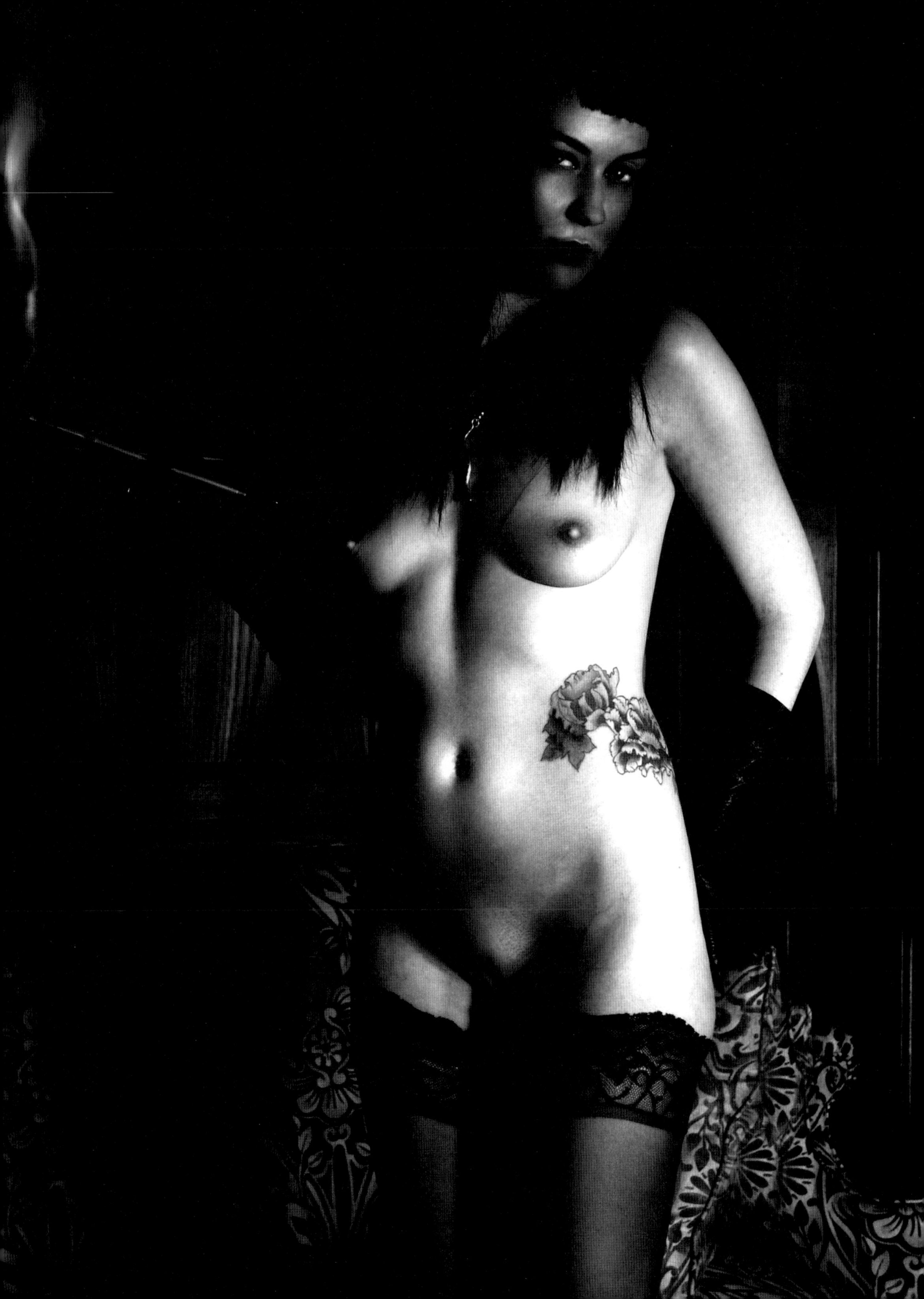

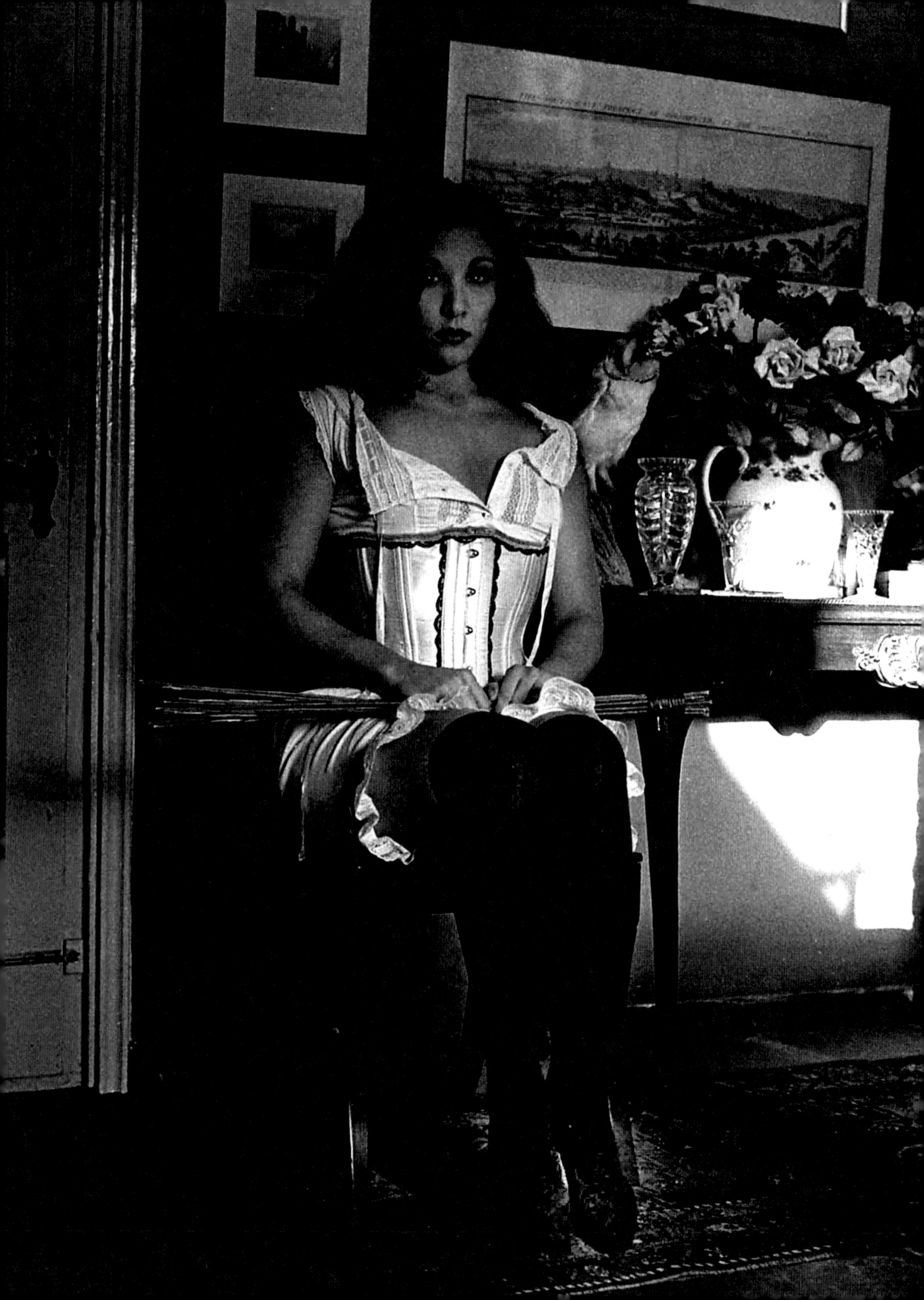

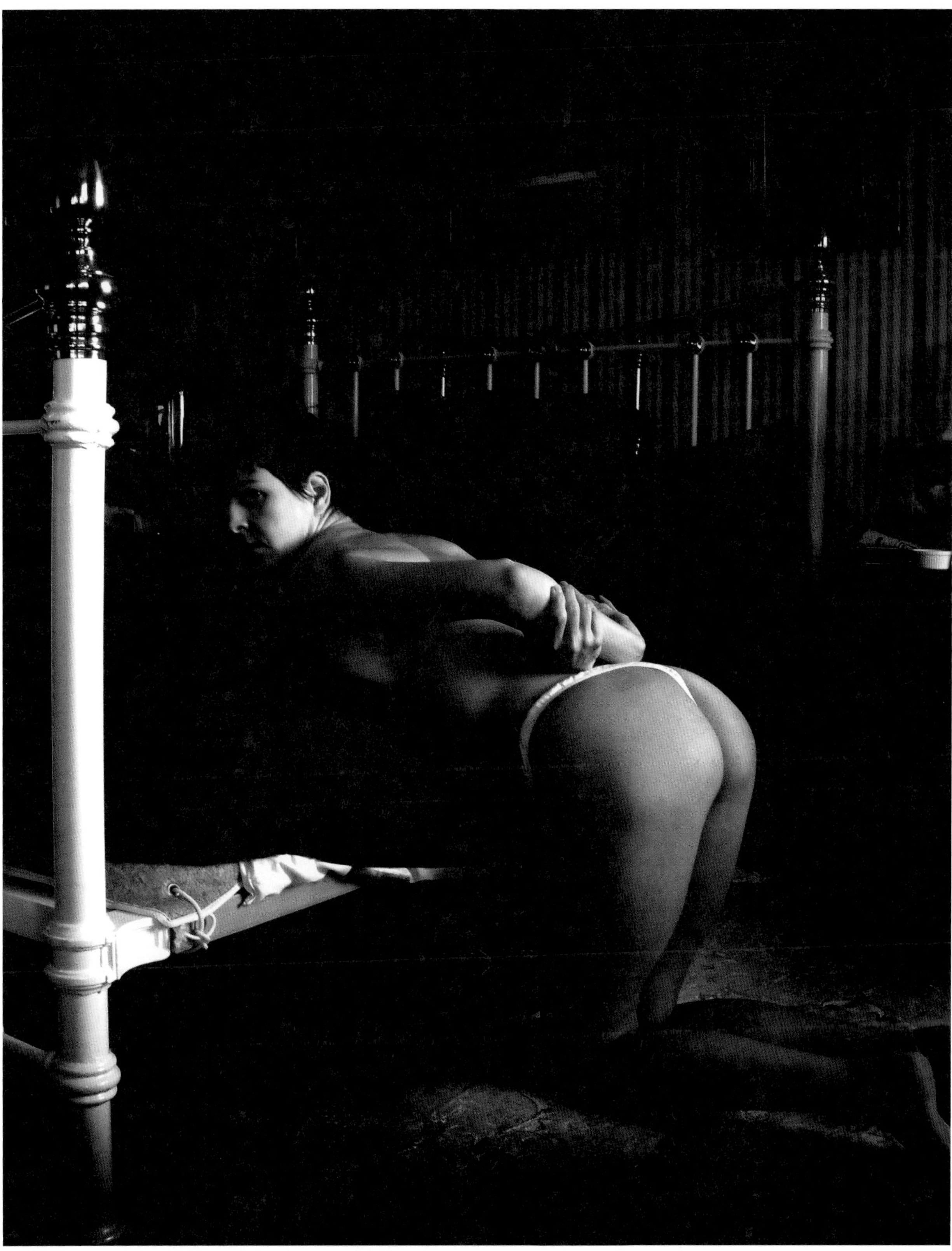

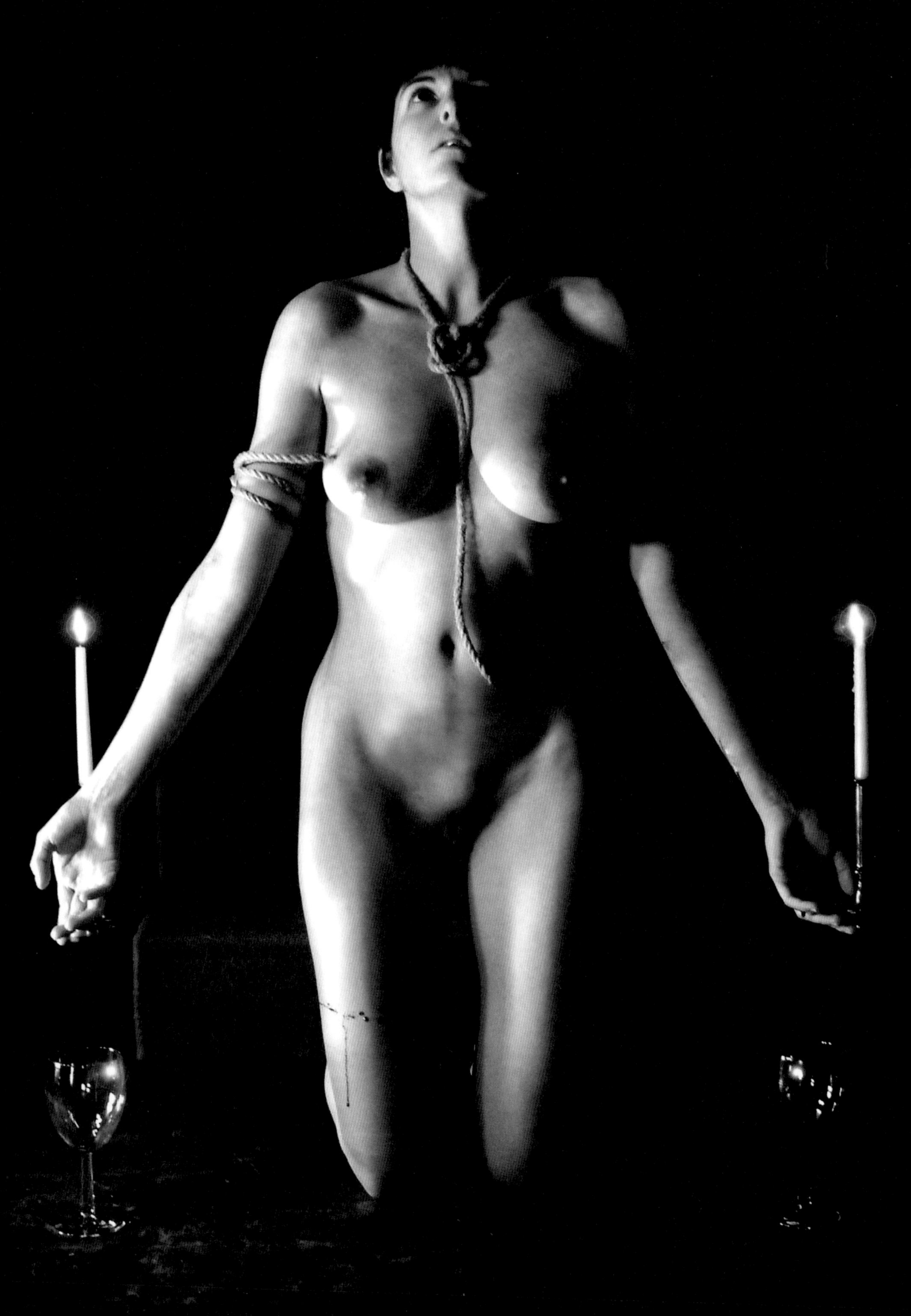

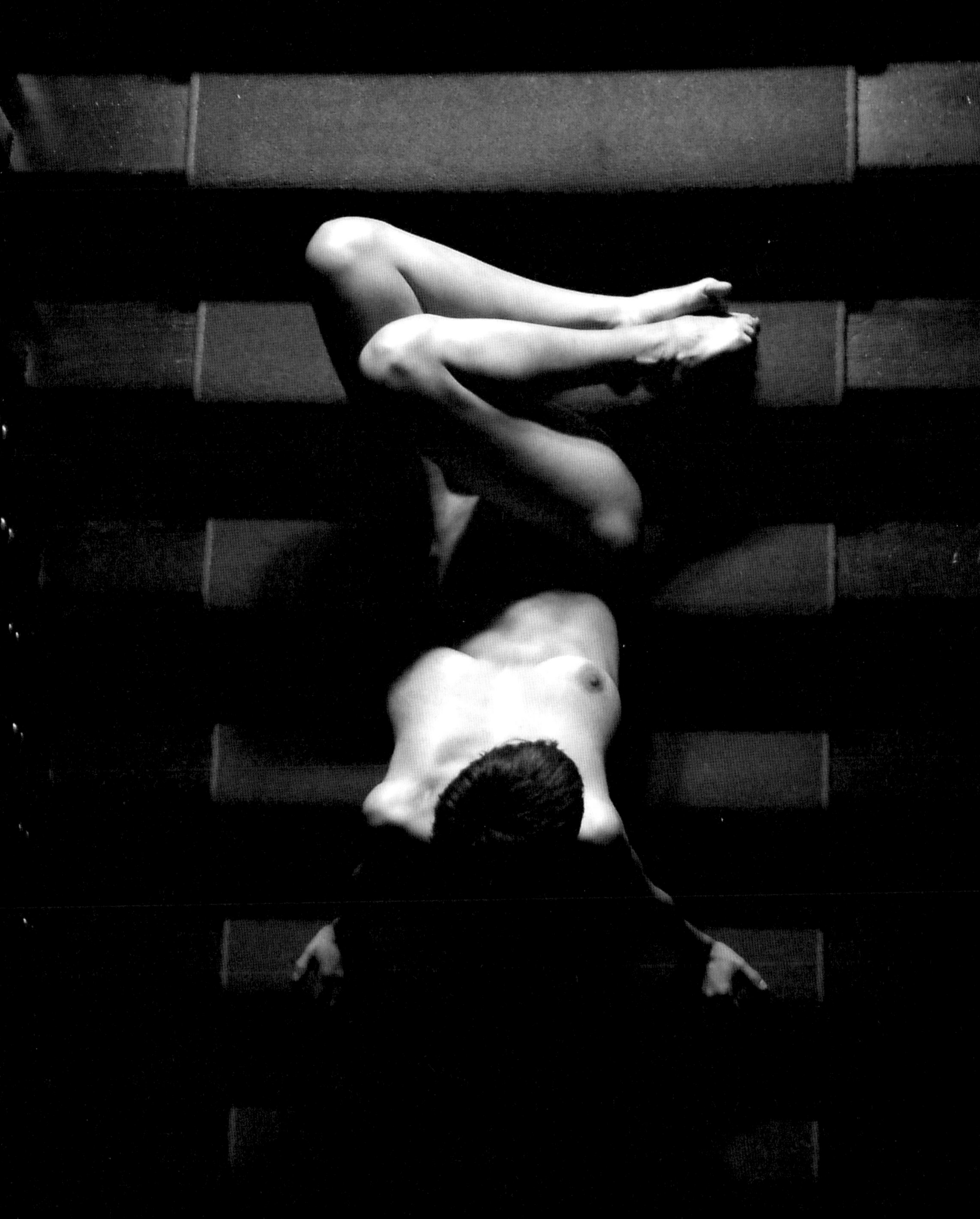

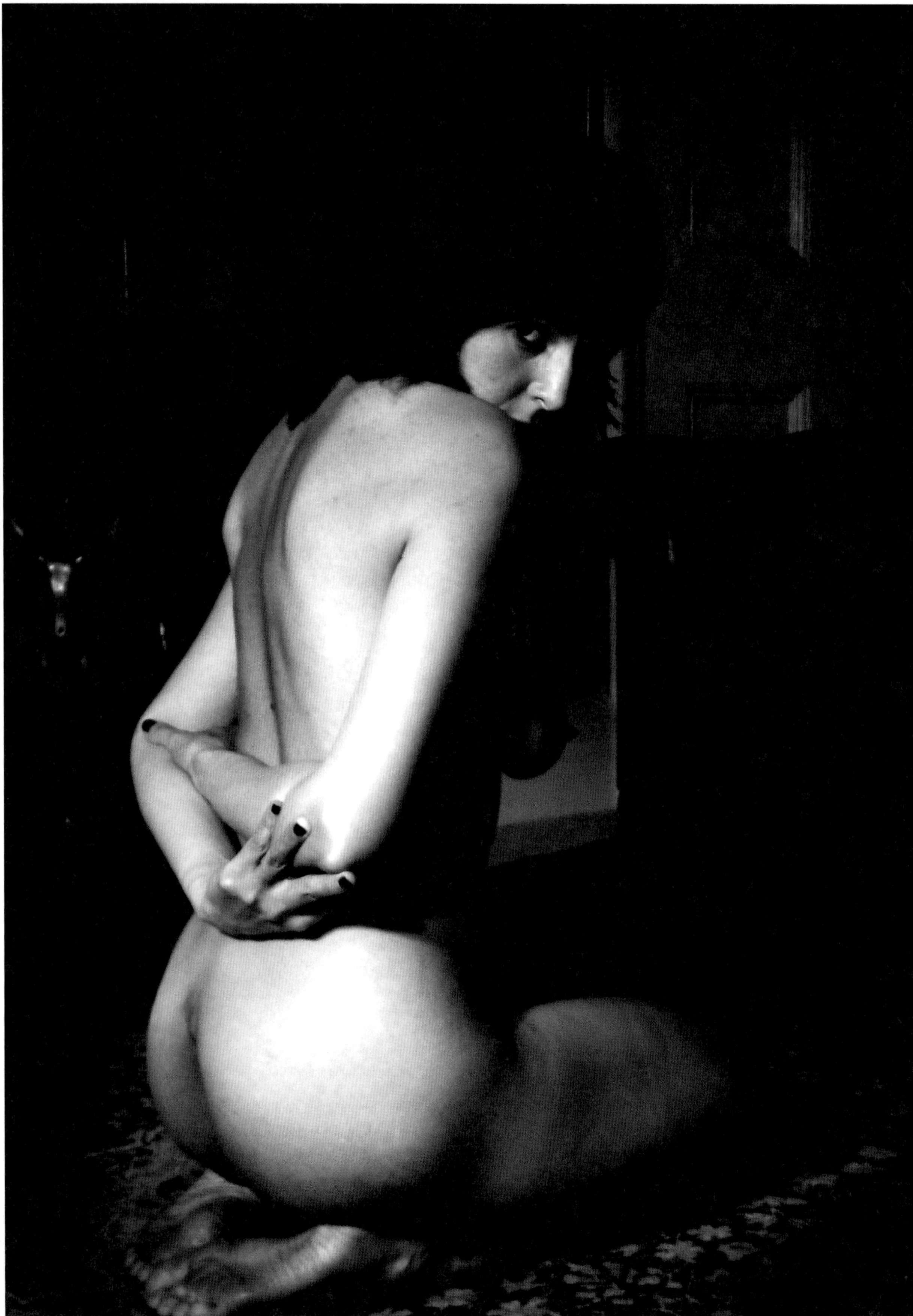

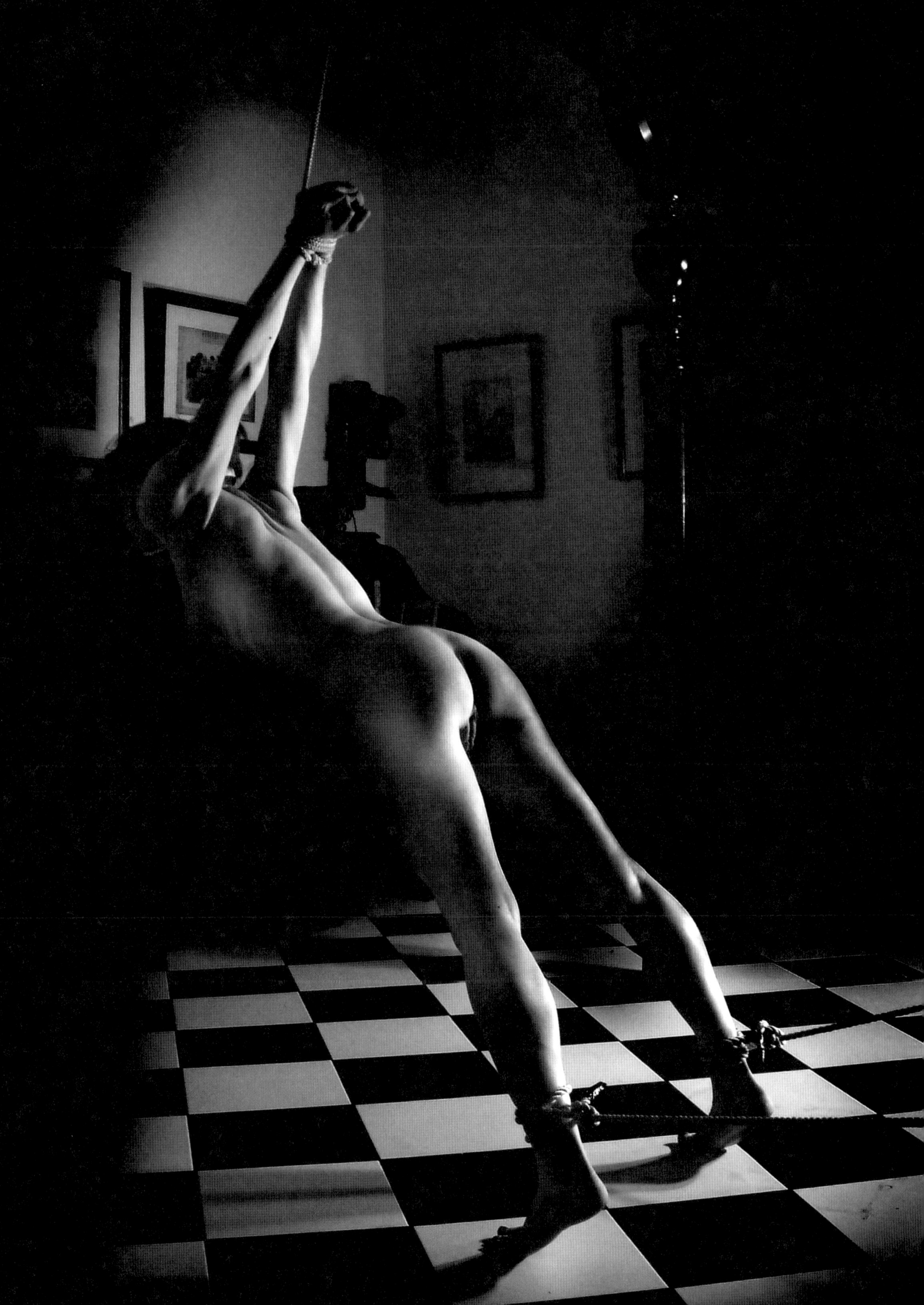

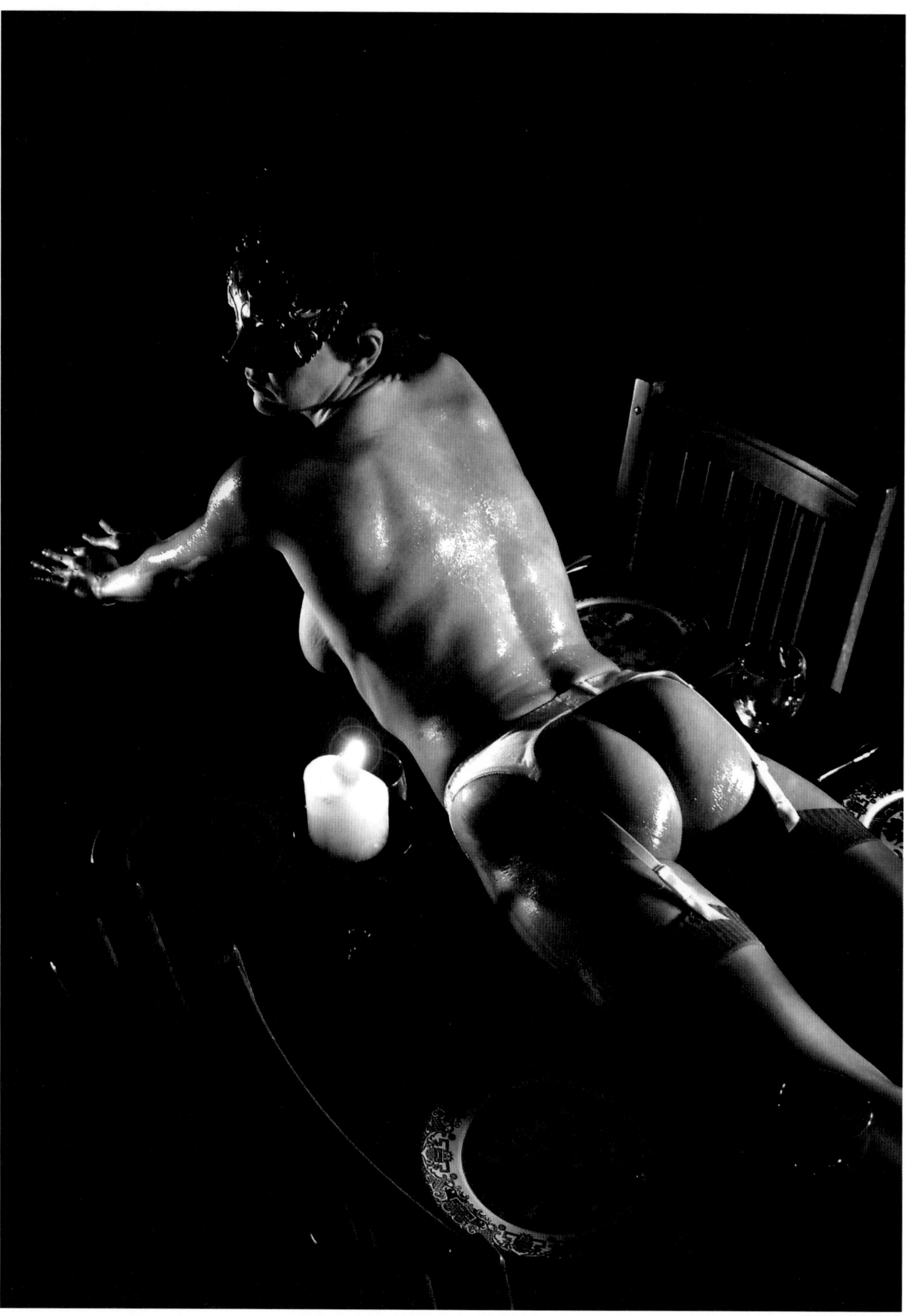

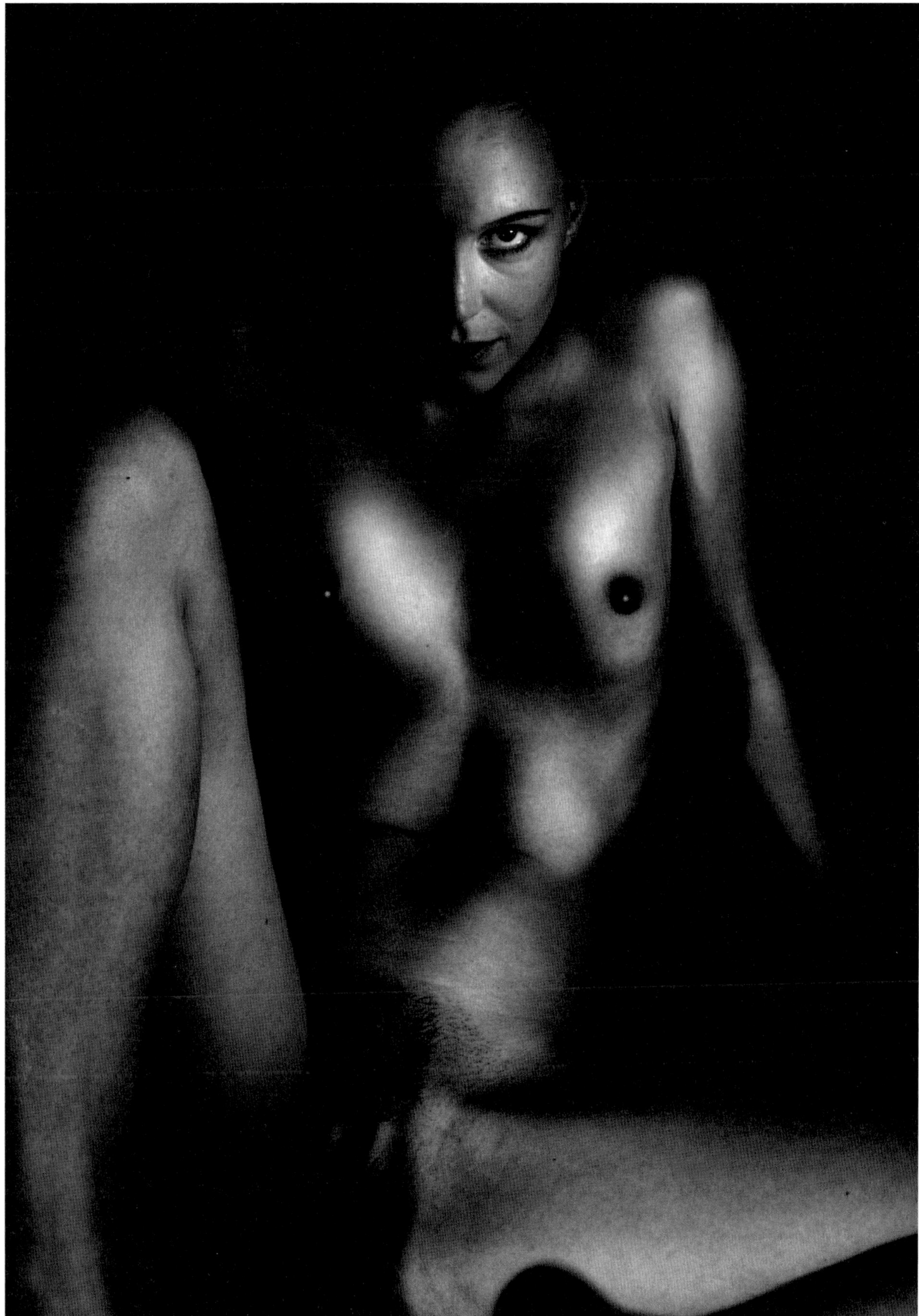

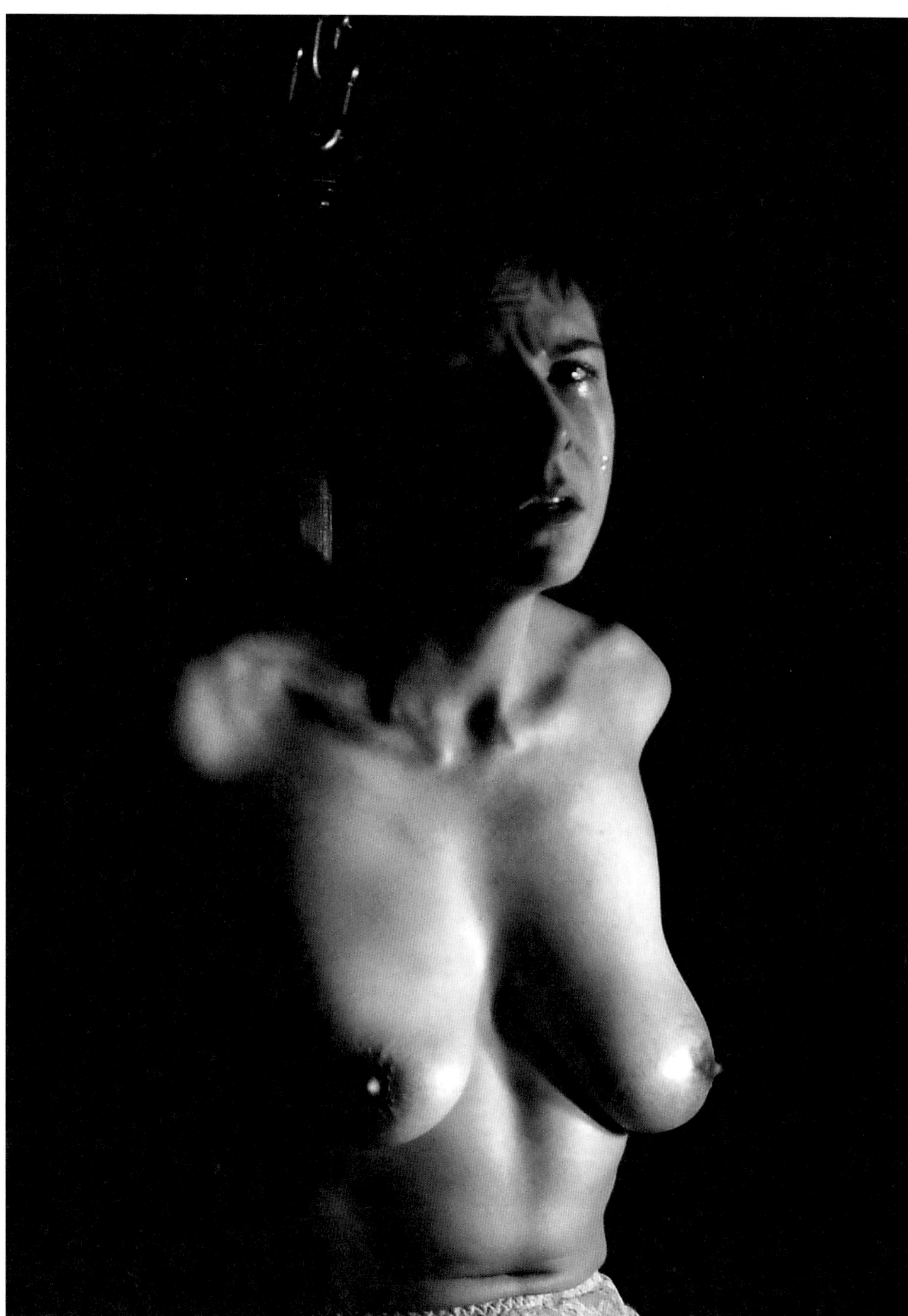

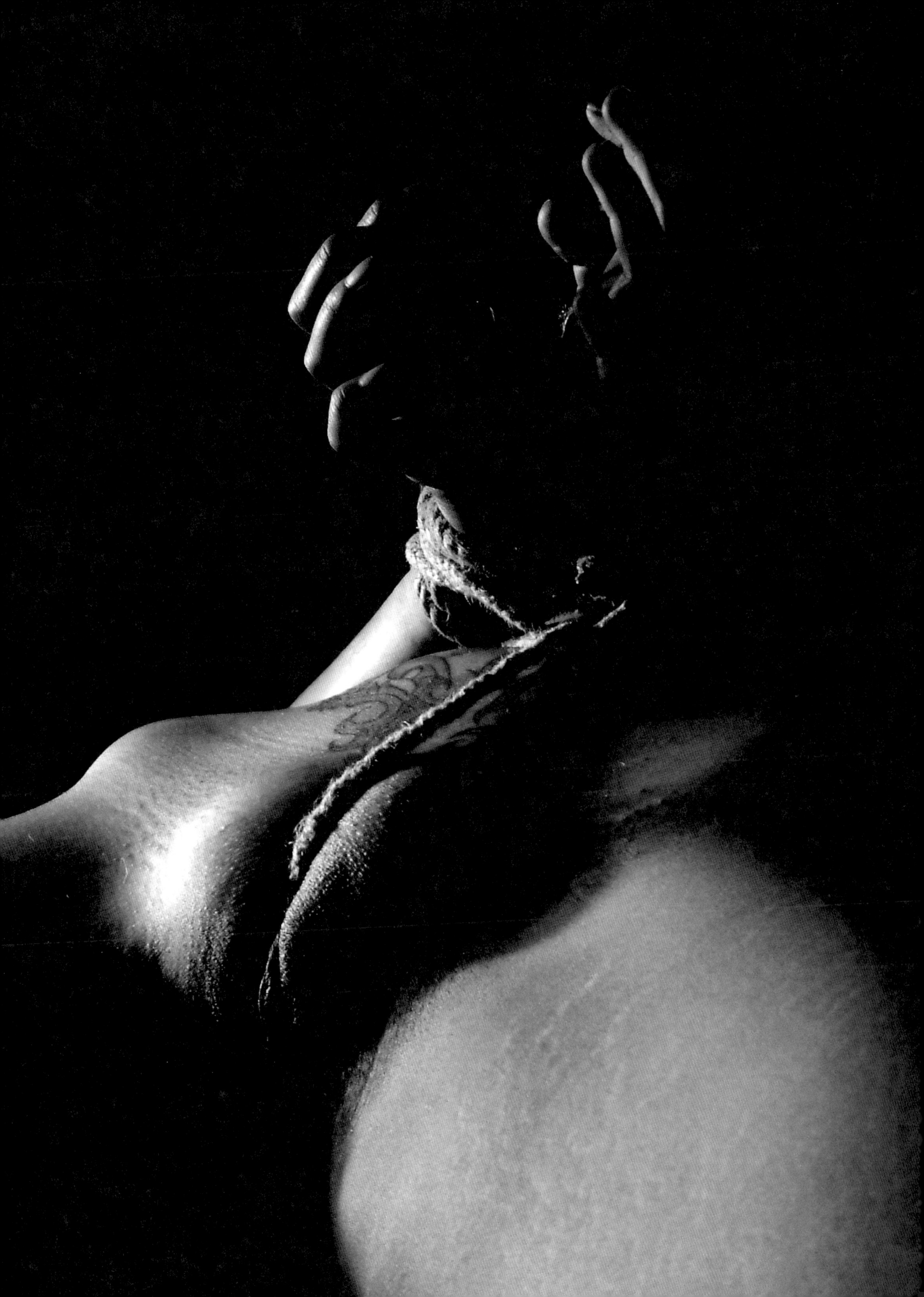

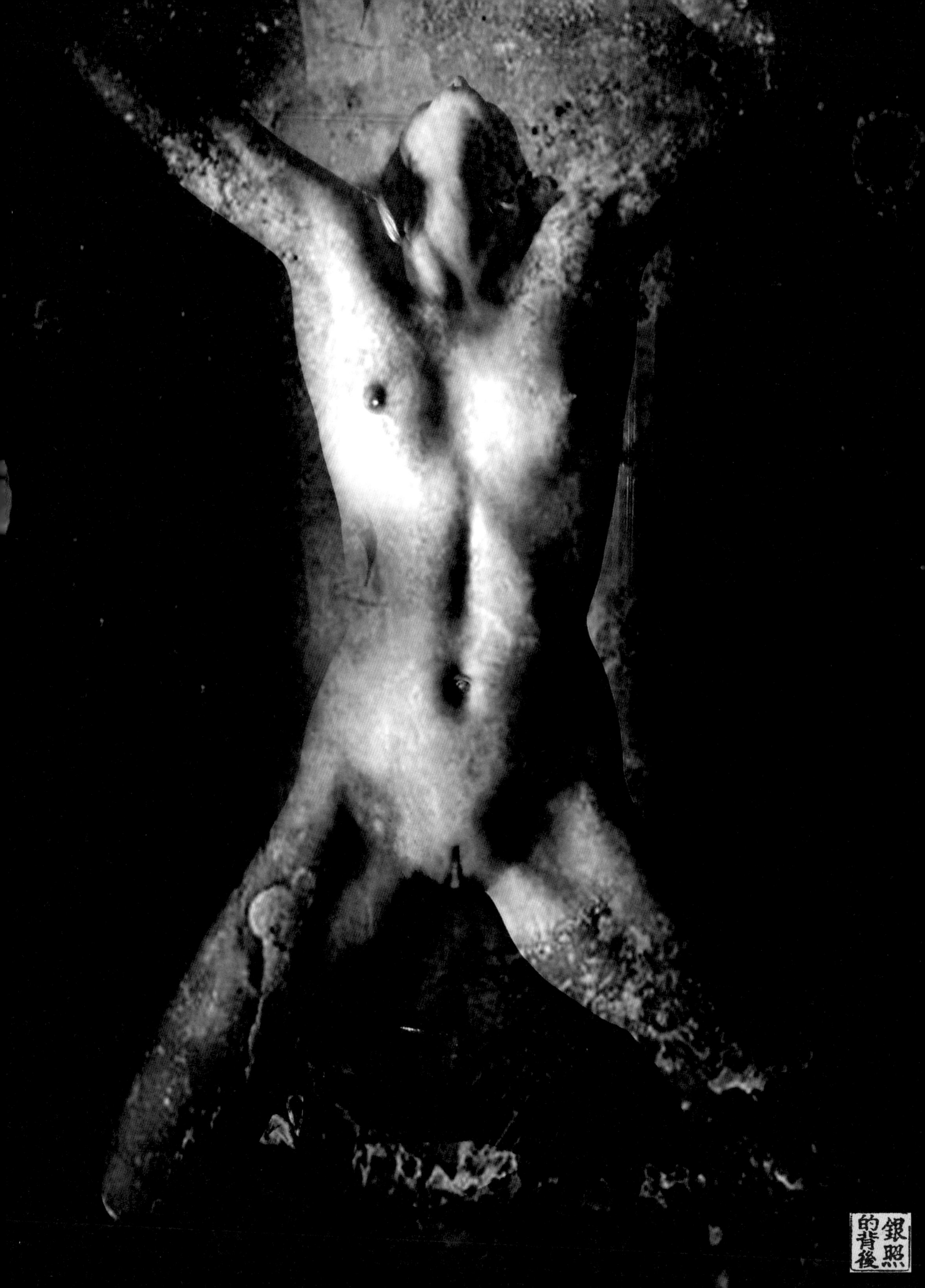
銀照
的背後

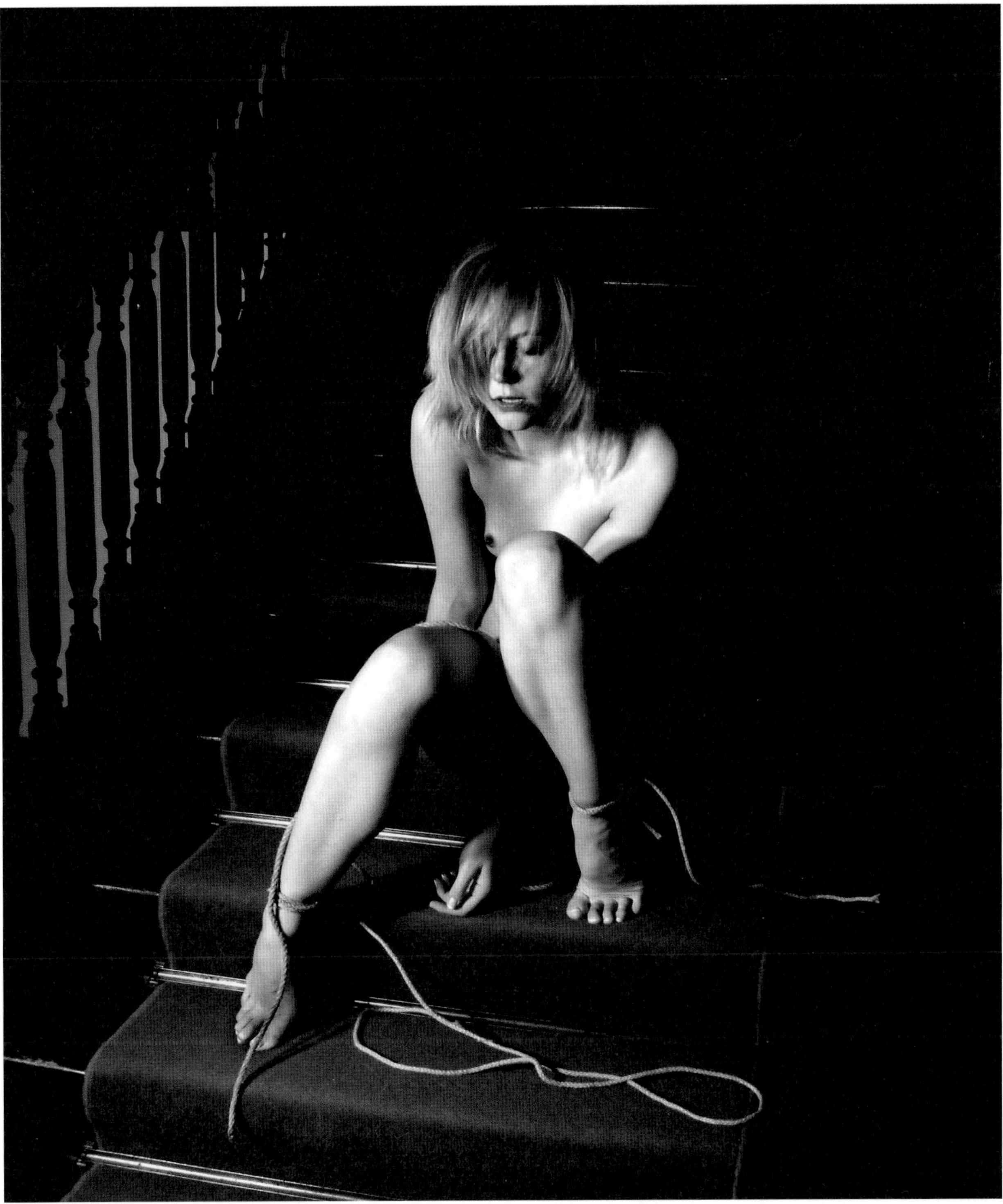

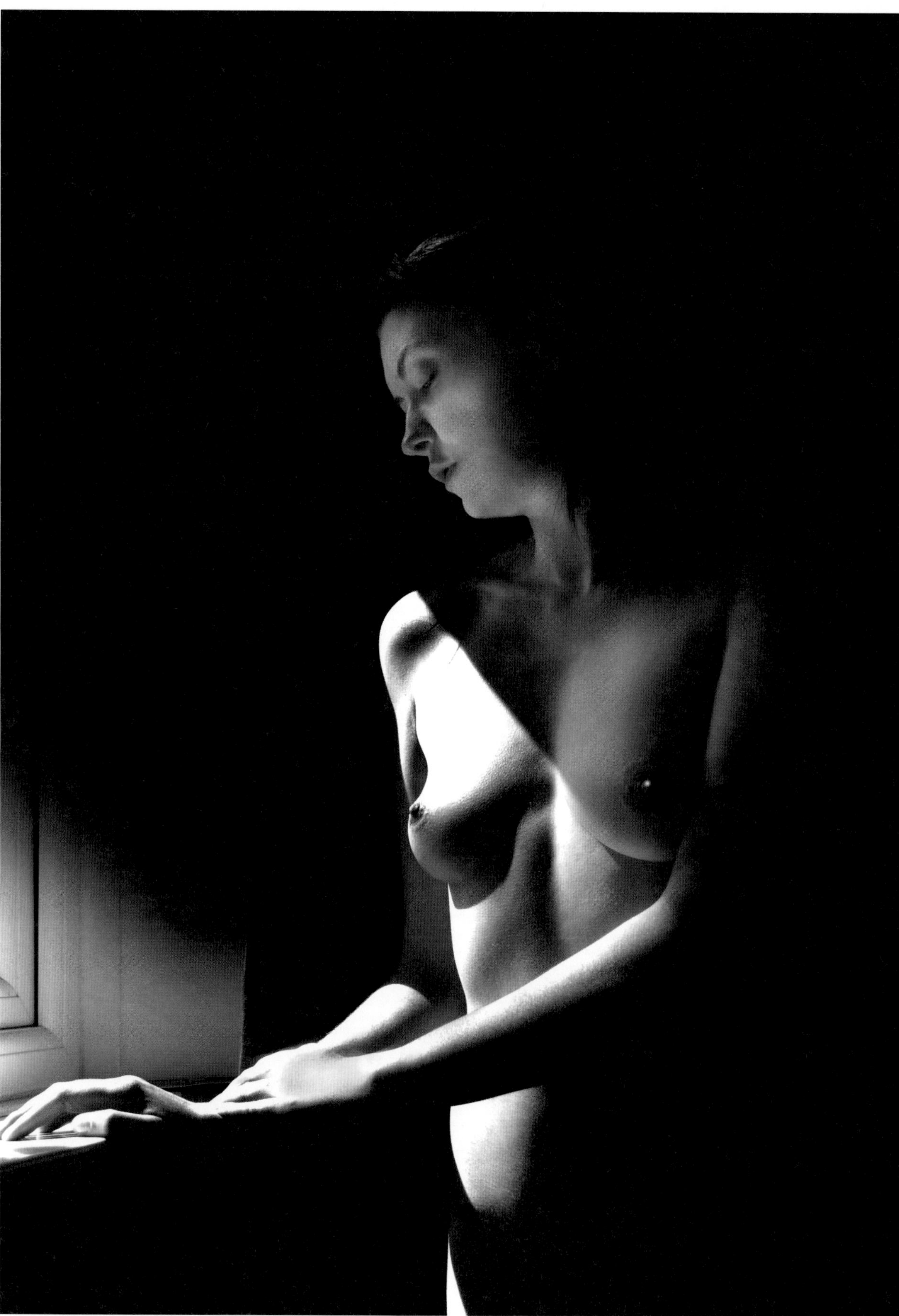

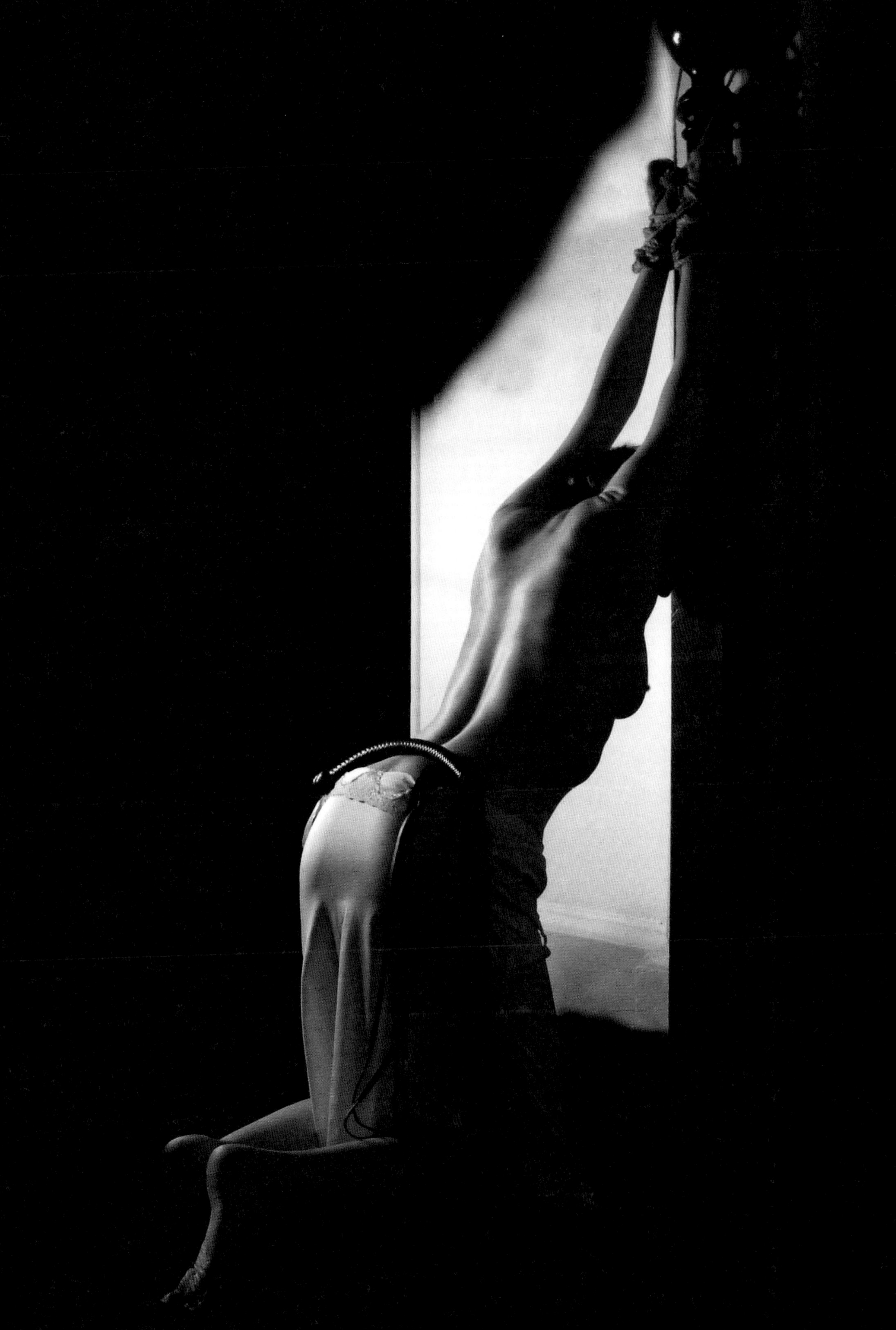

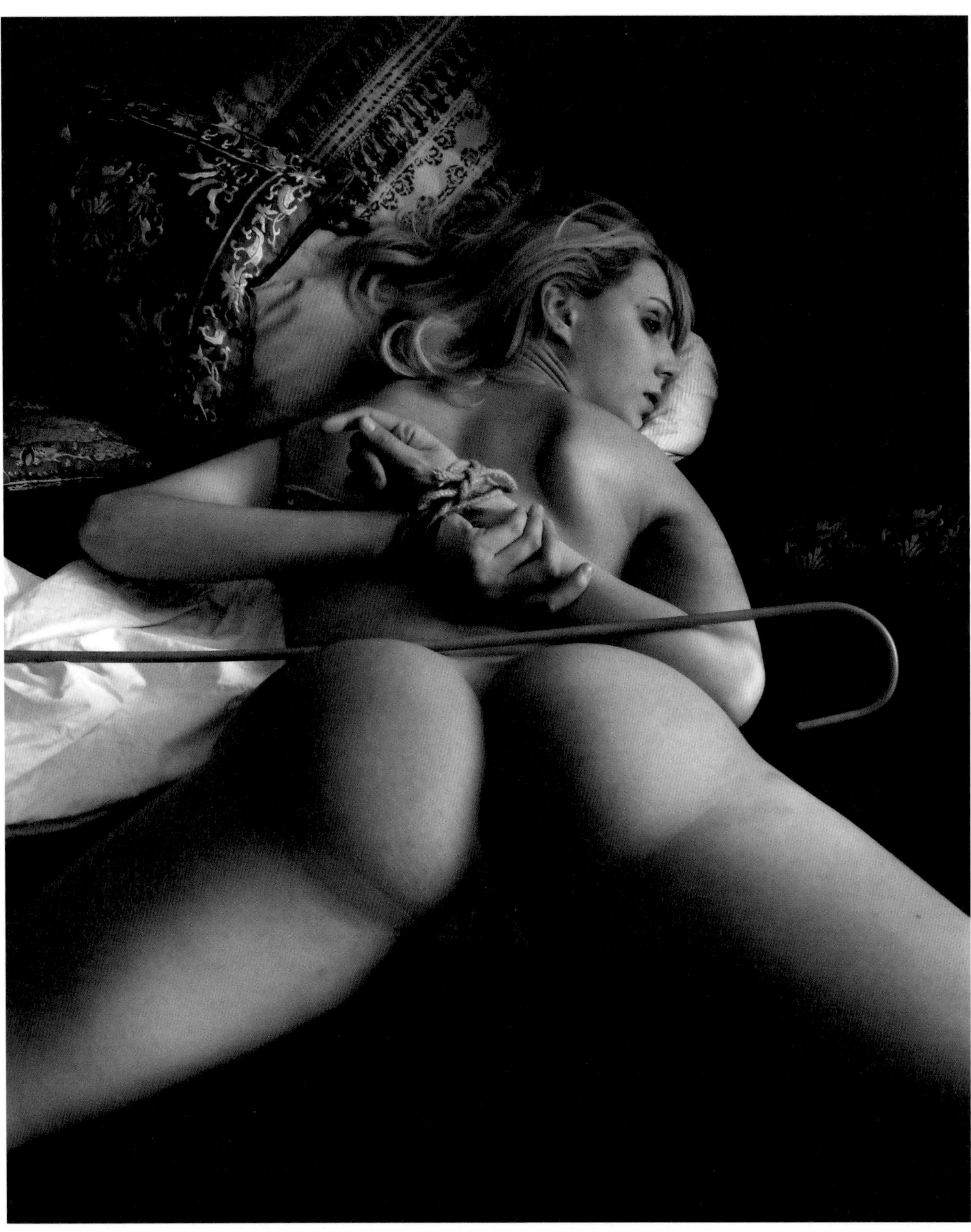

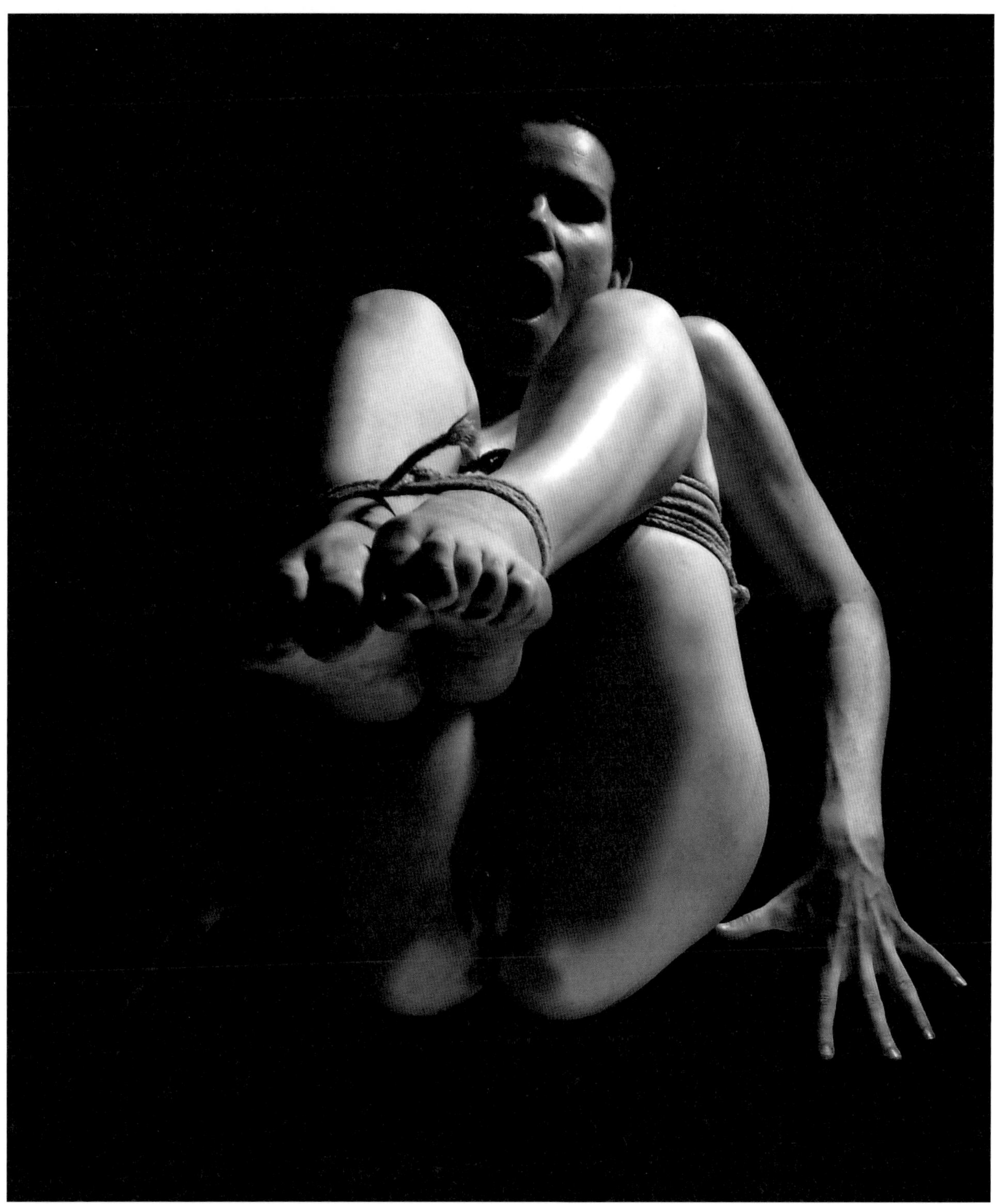

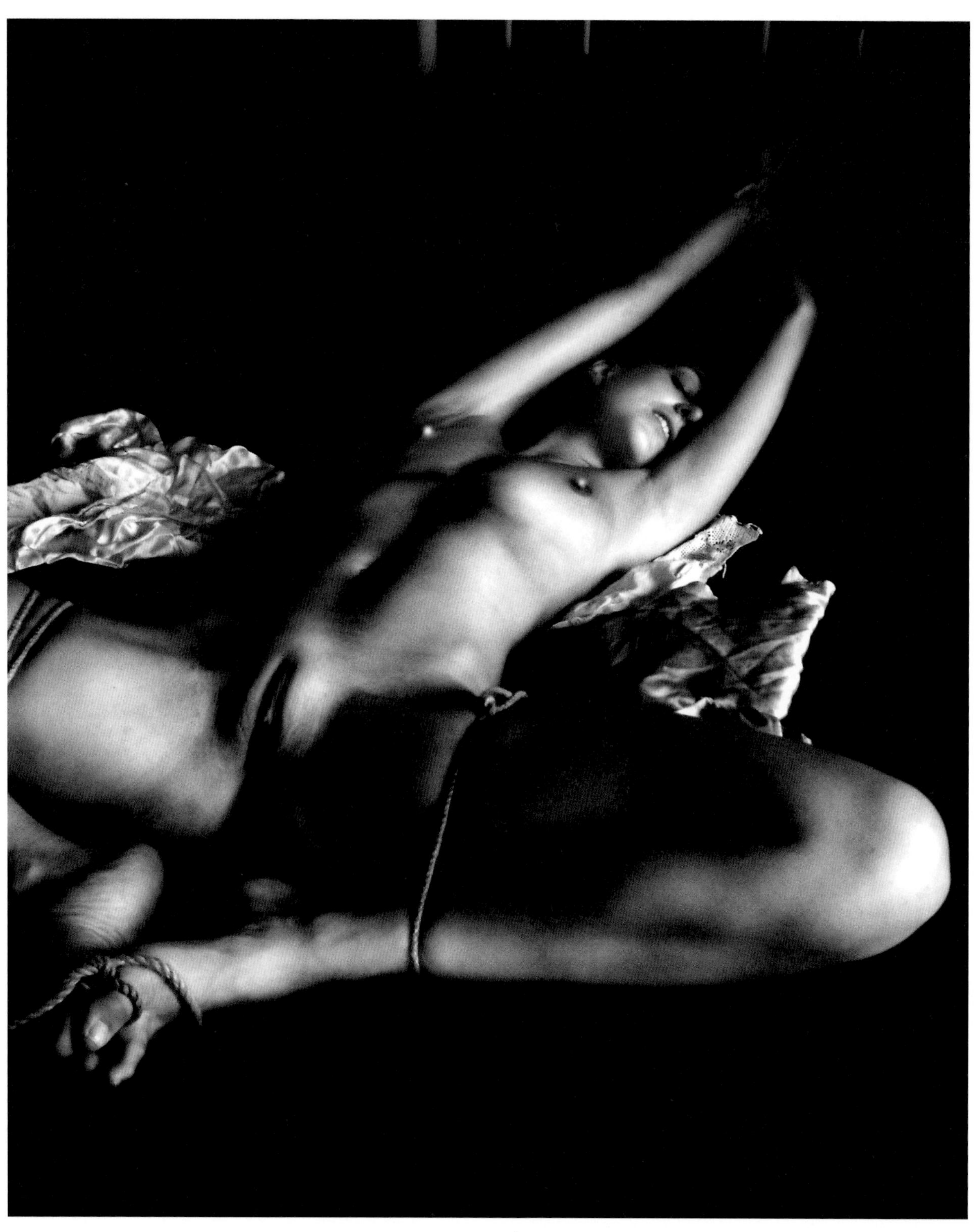

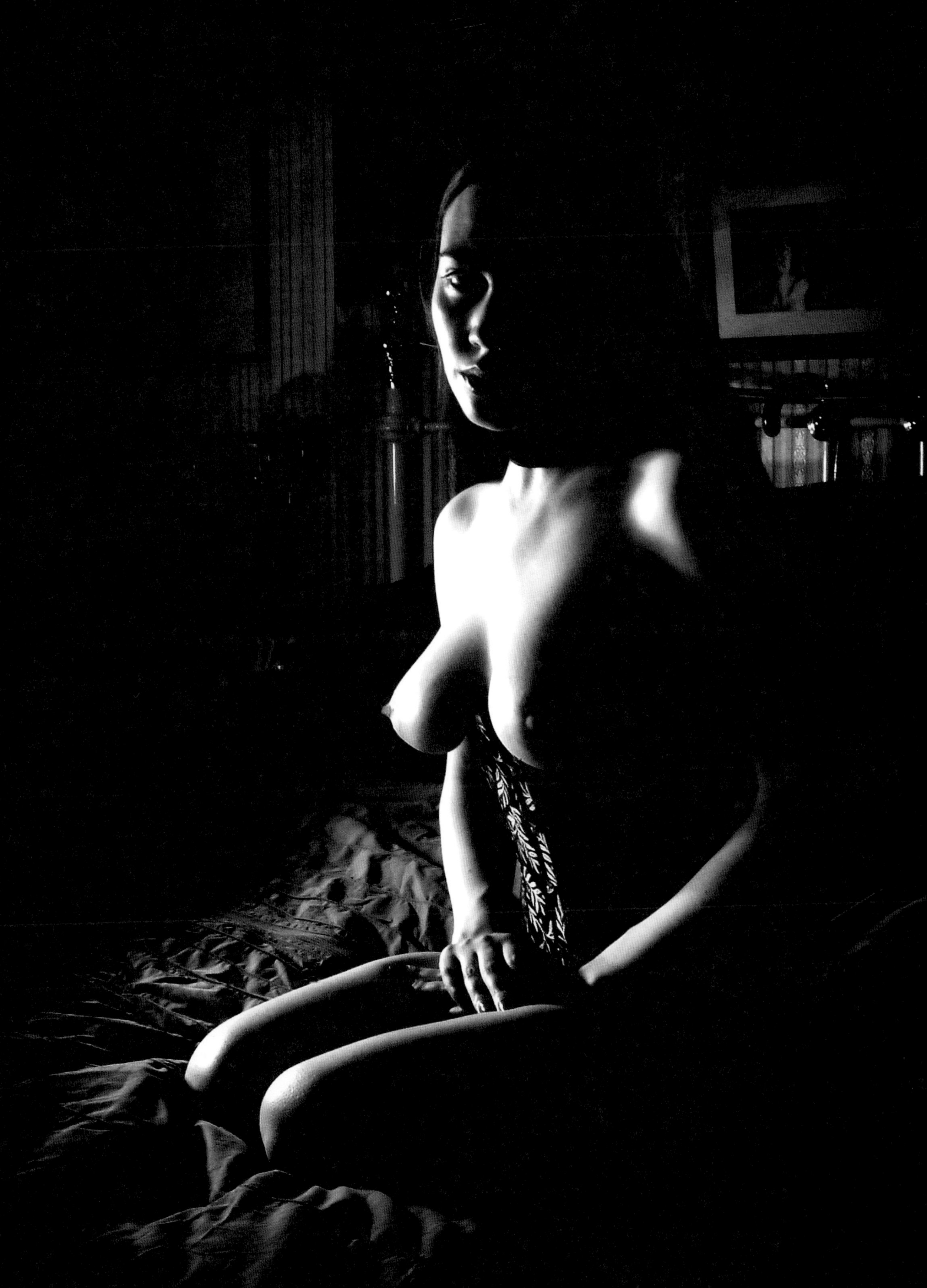

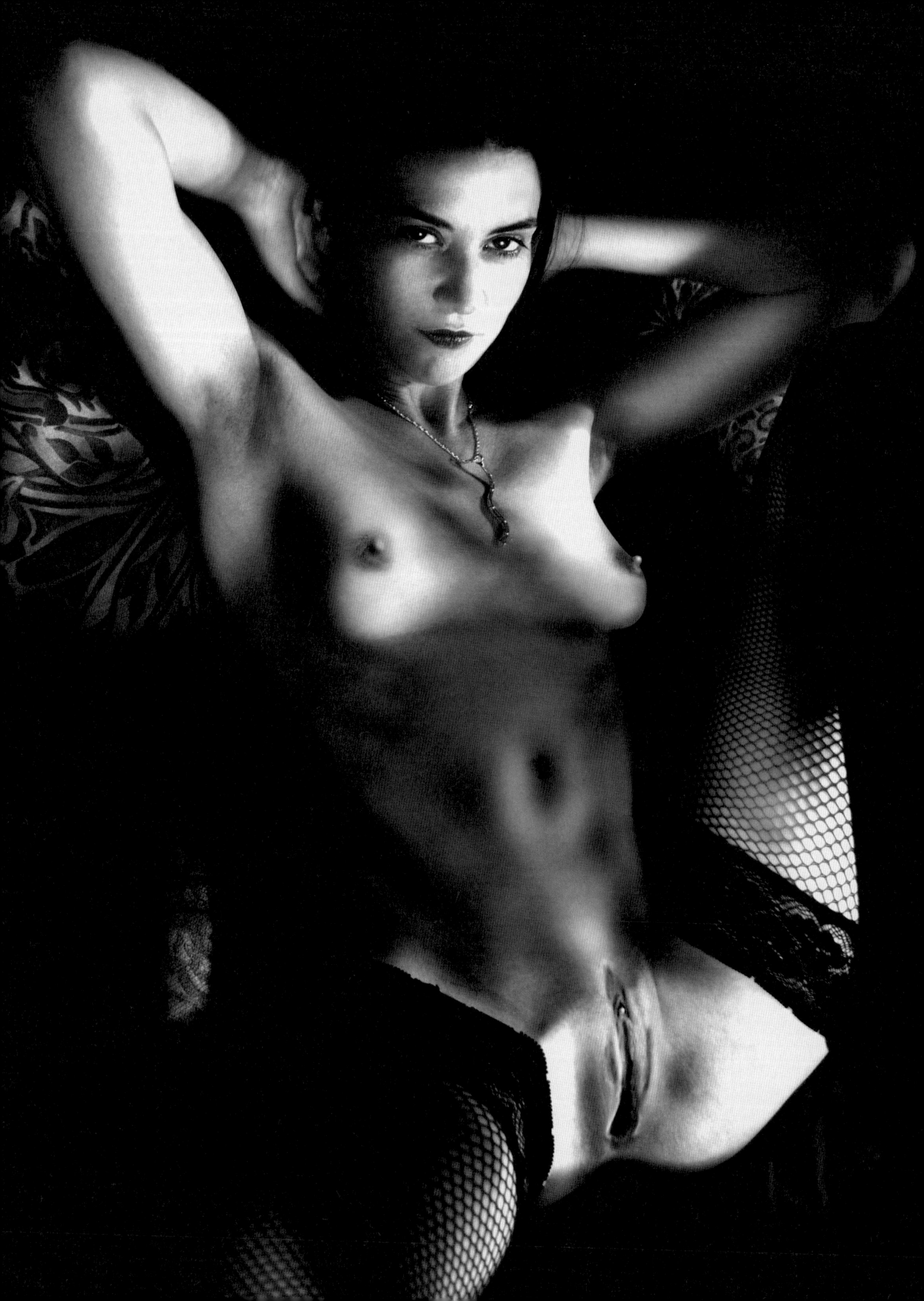

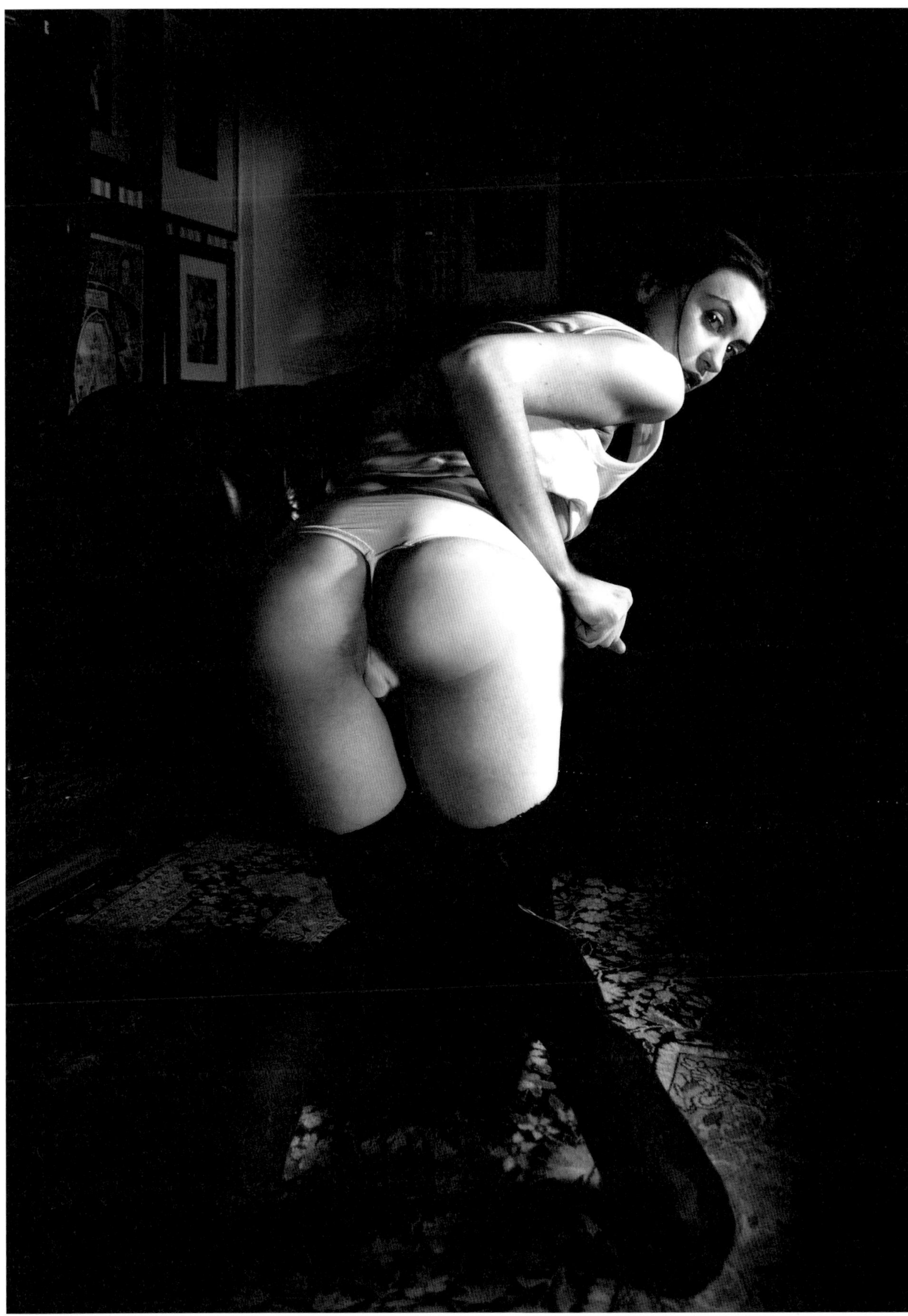

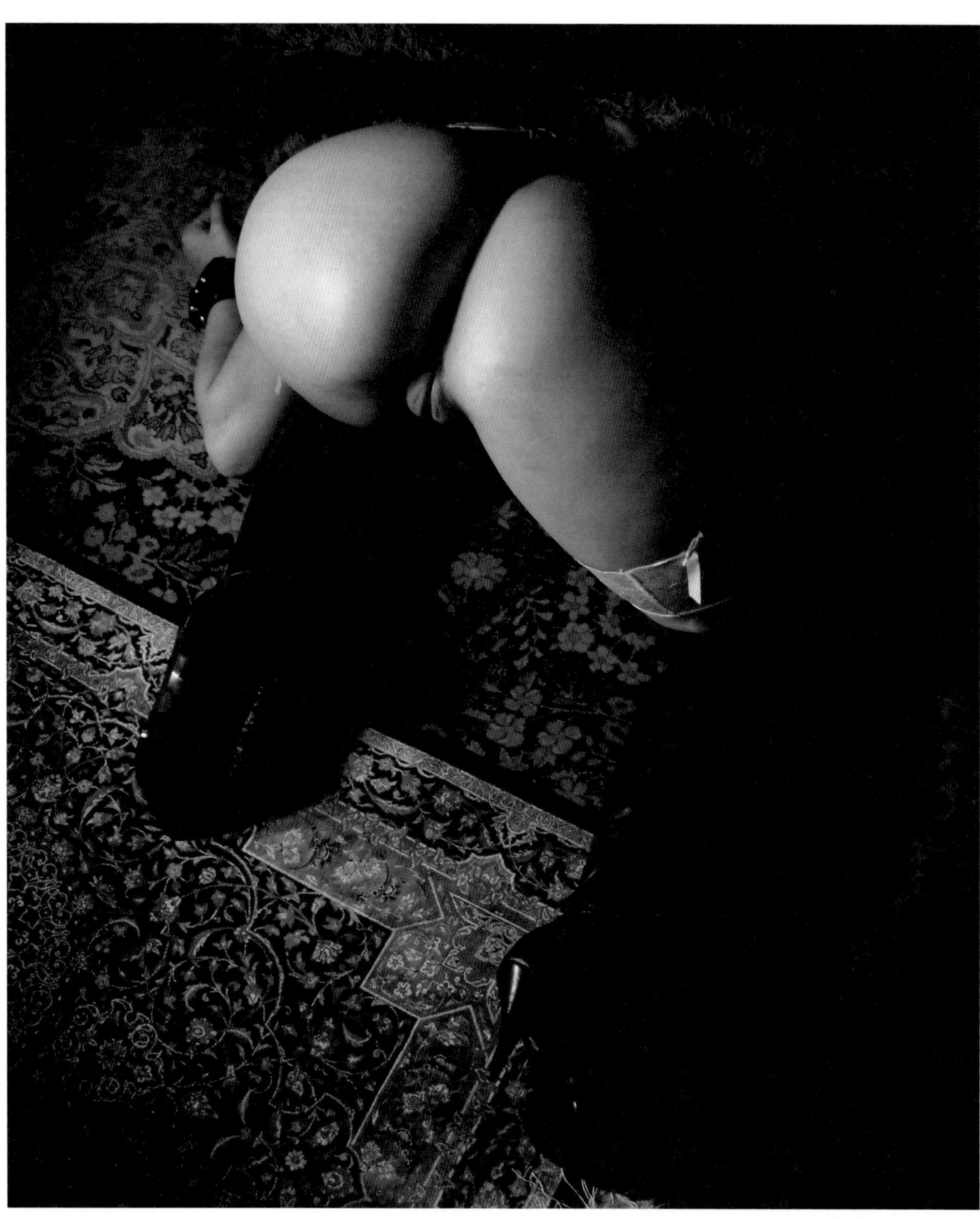

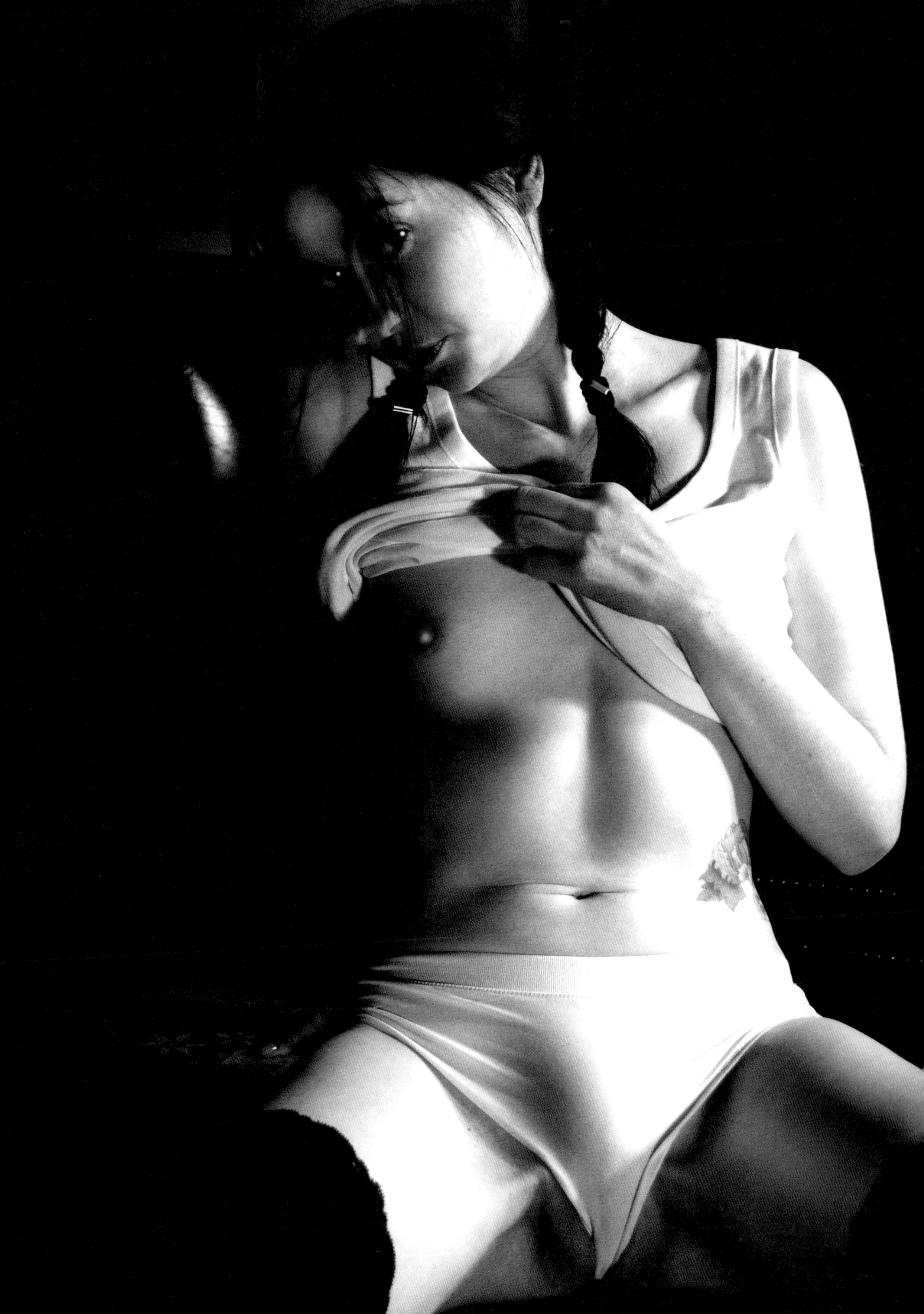

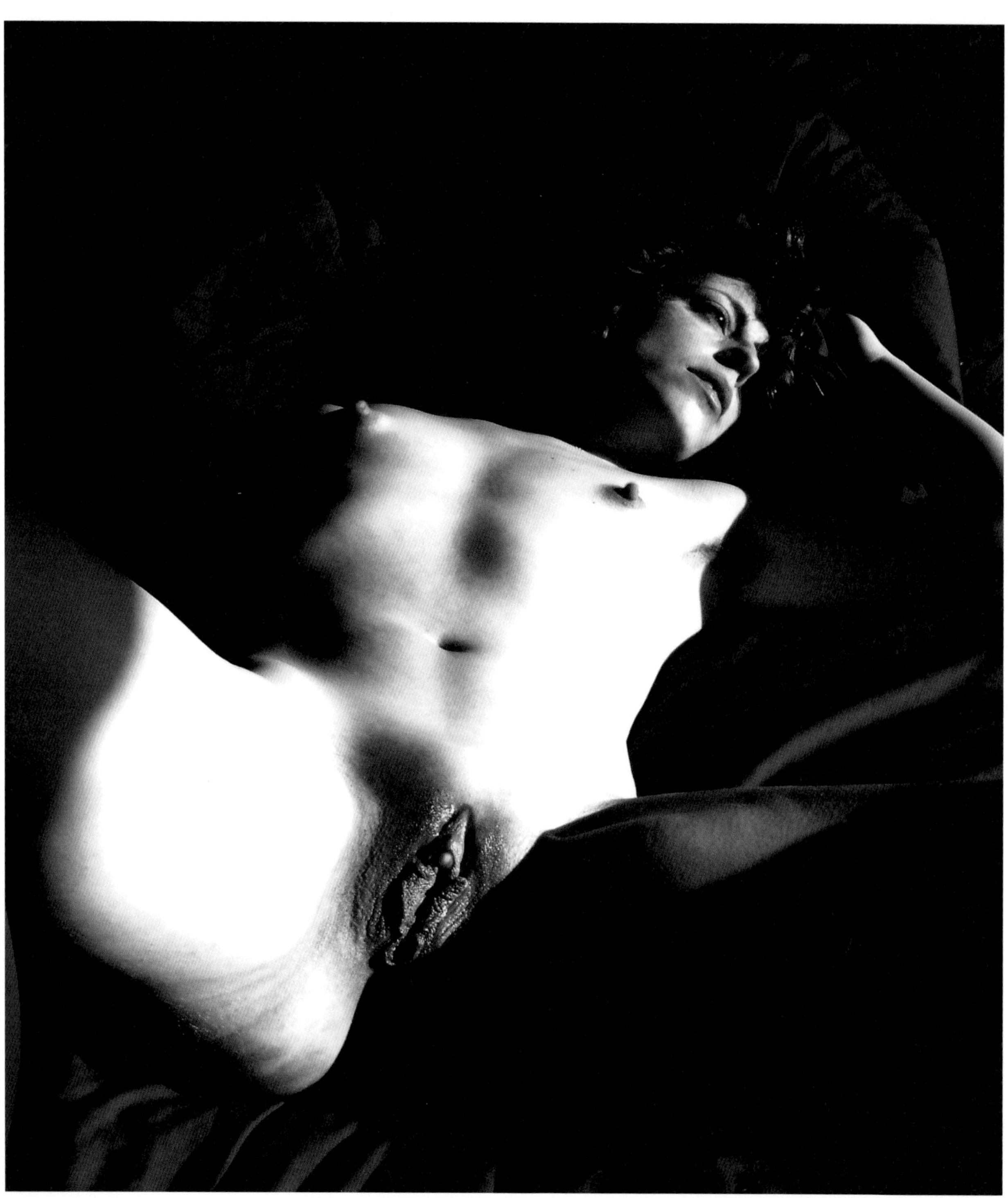

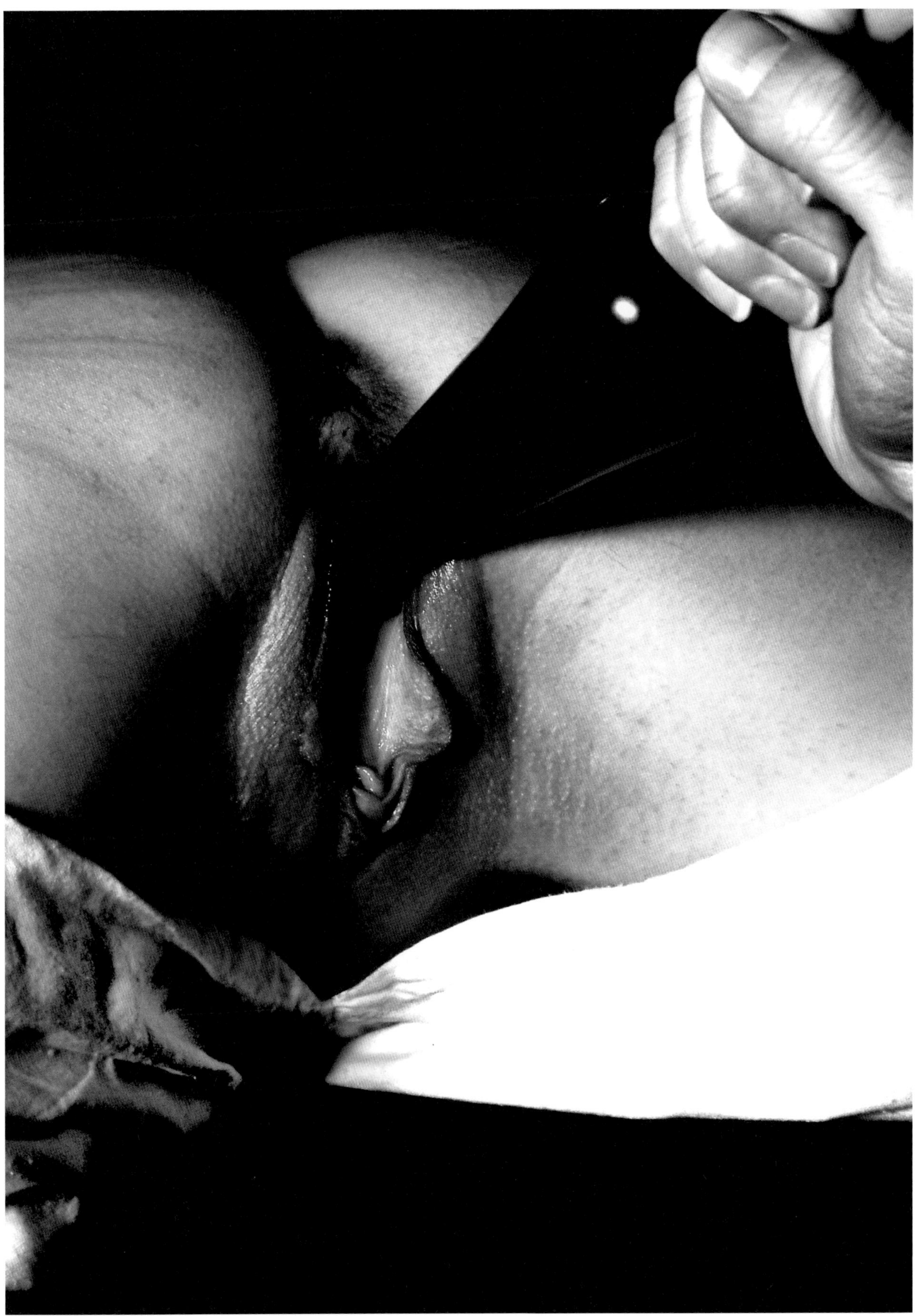

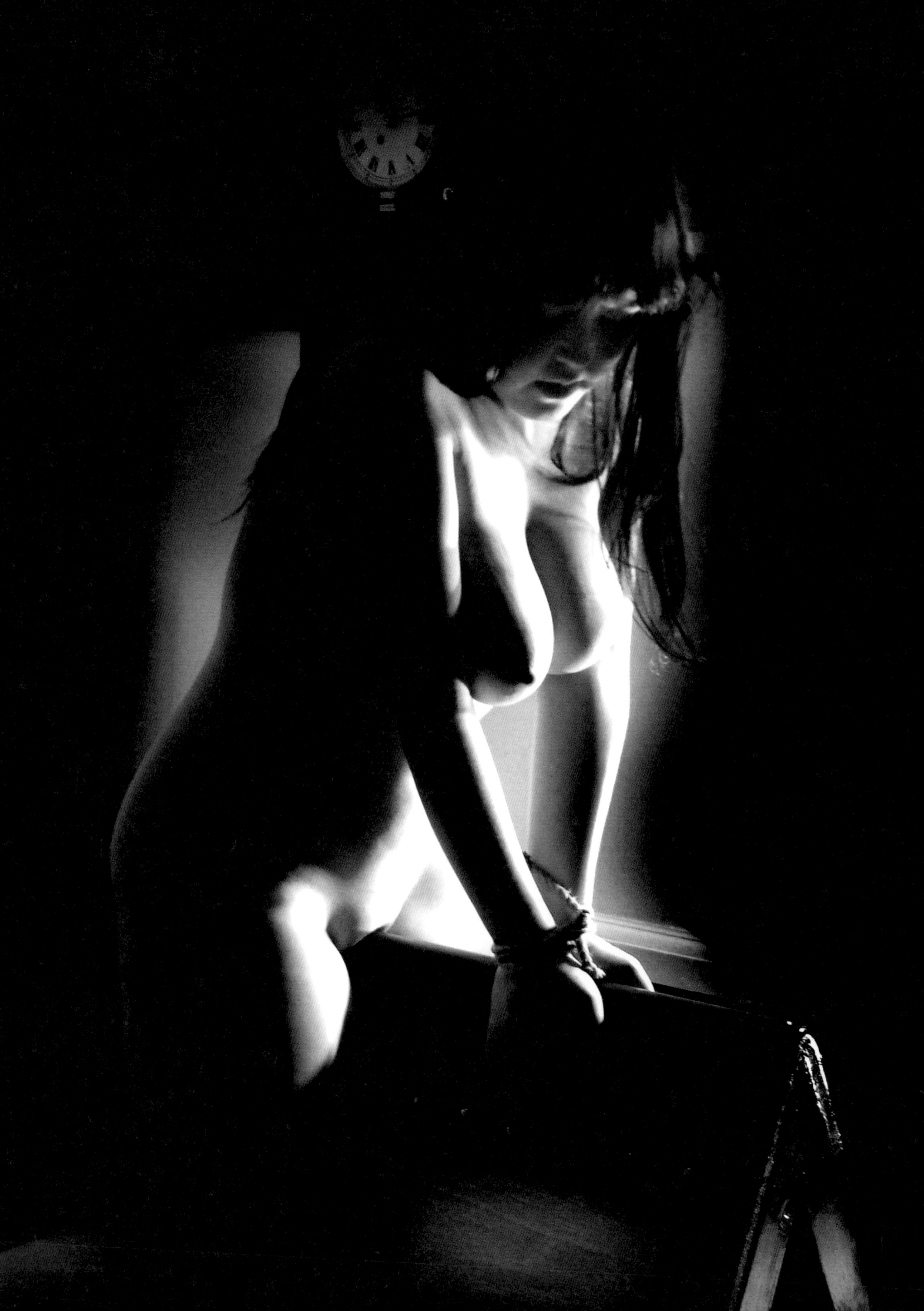

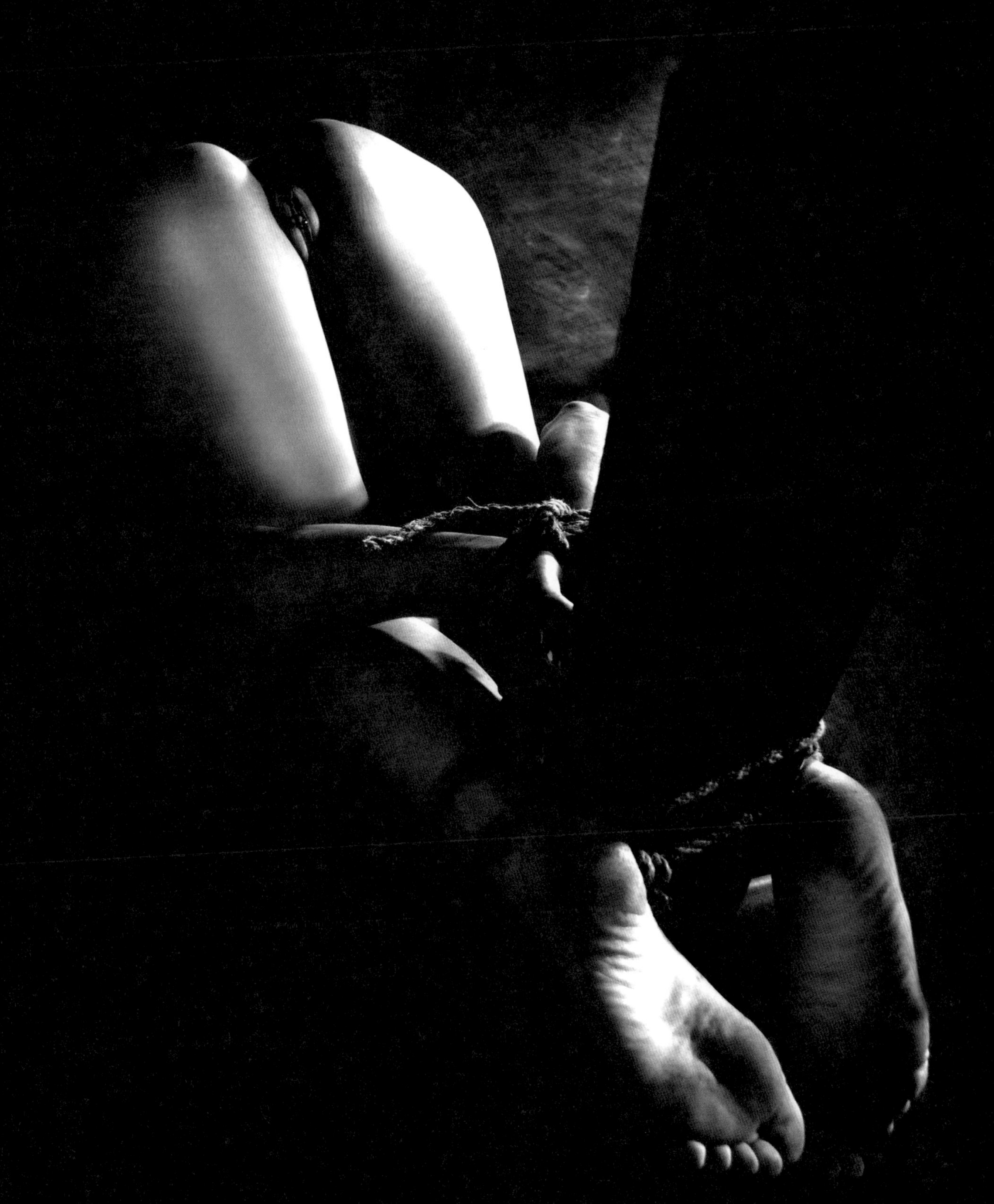

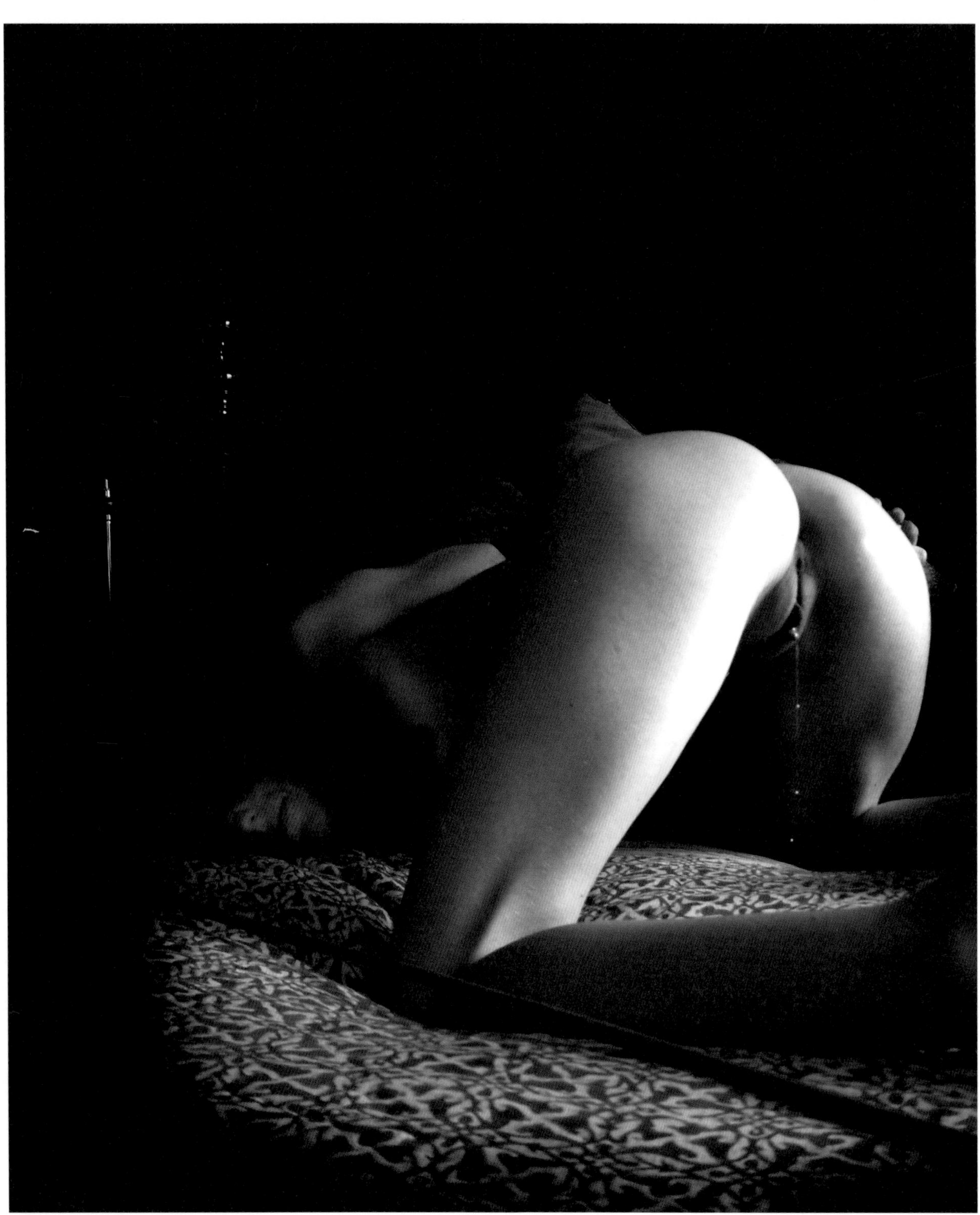

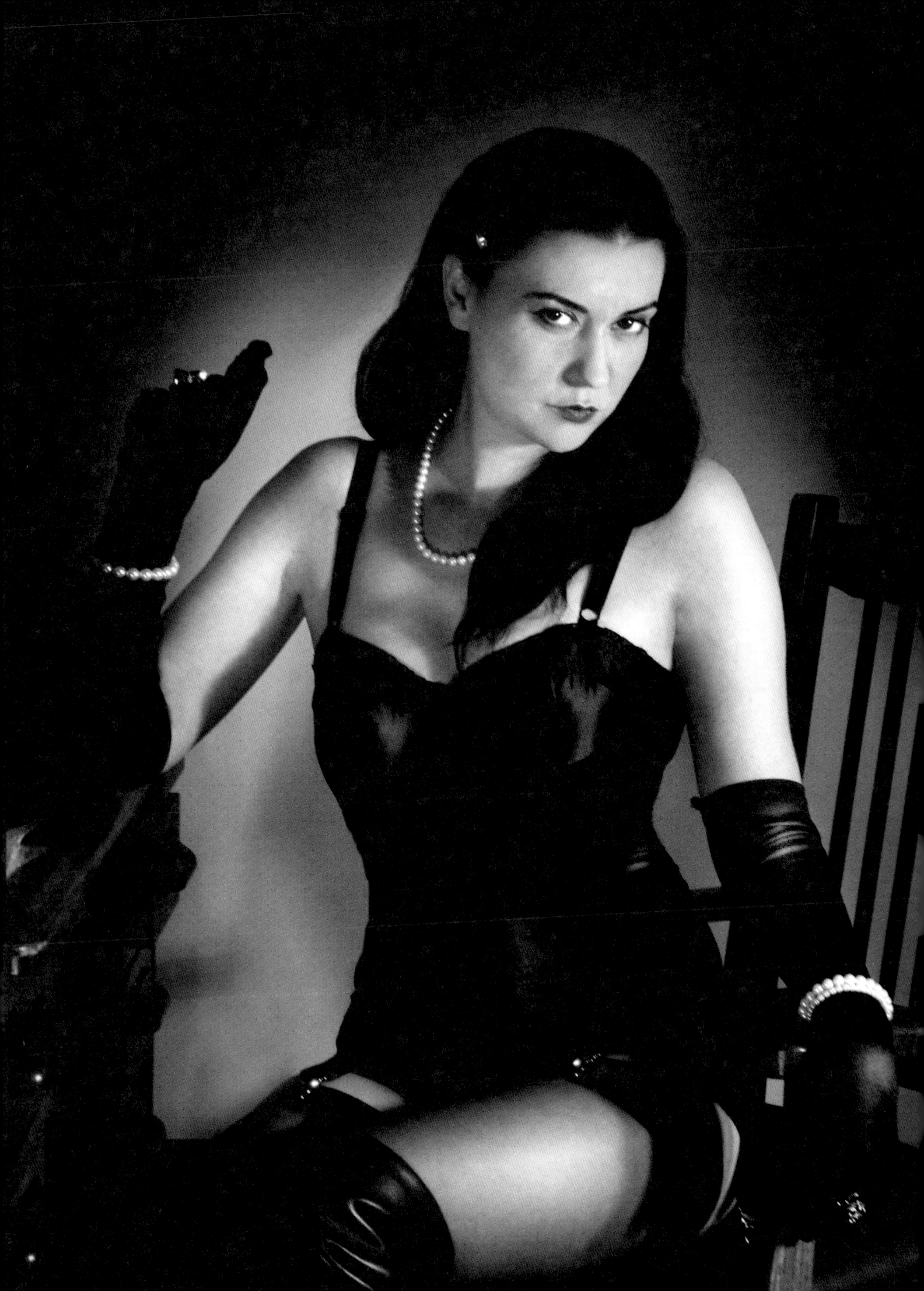

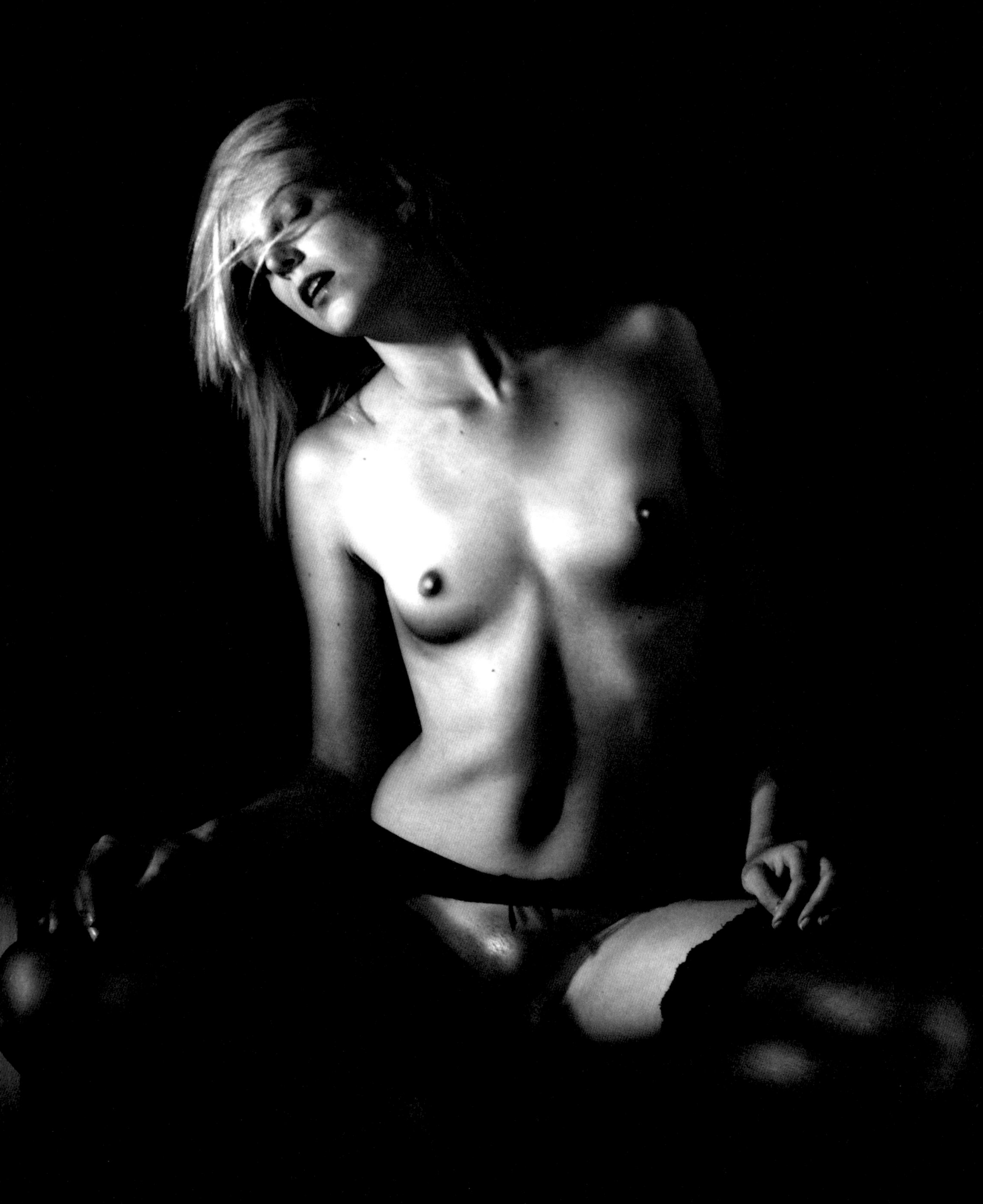

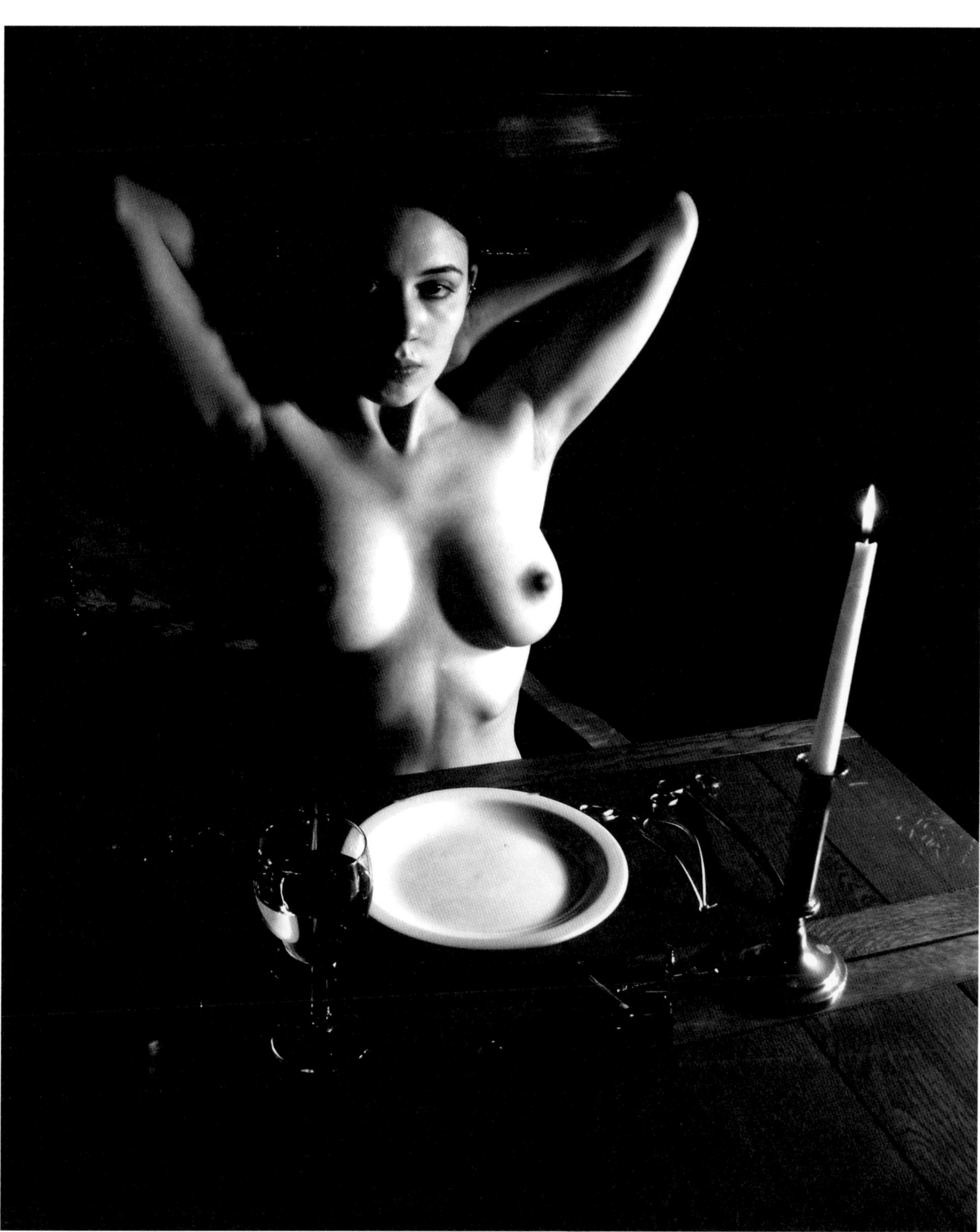

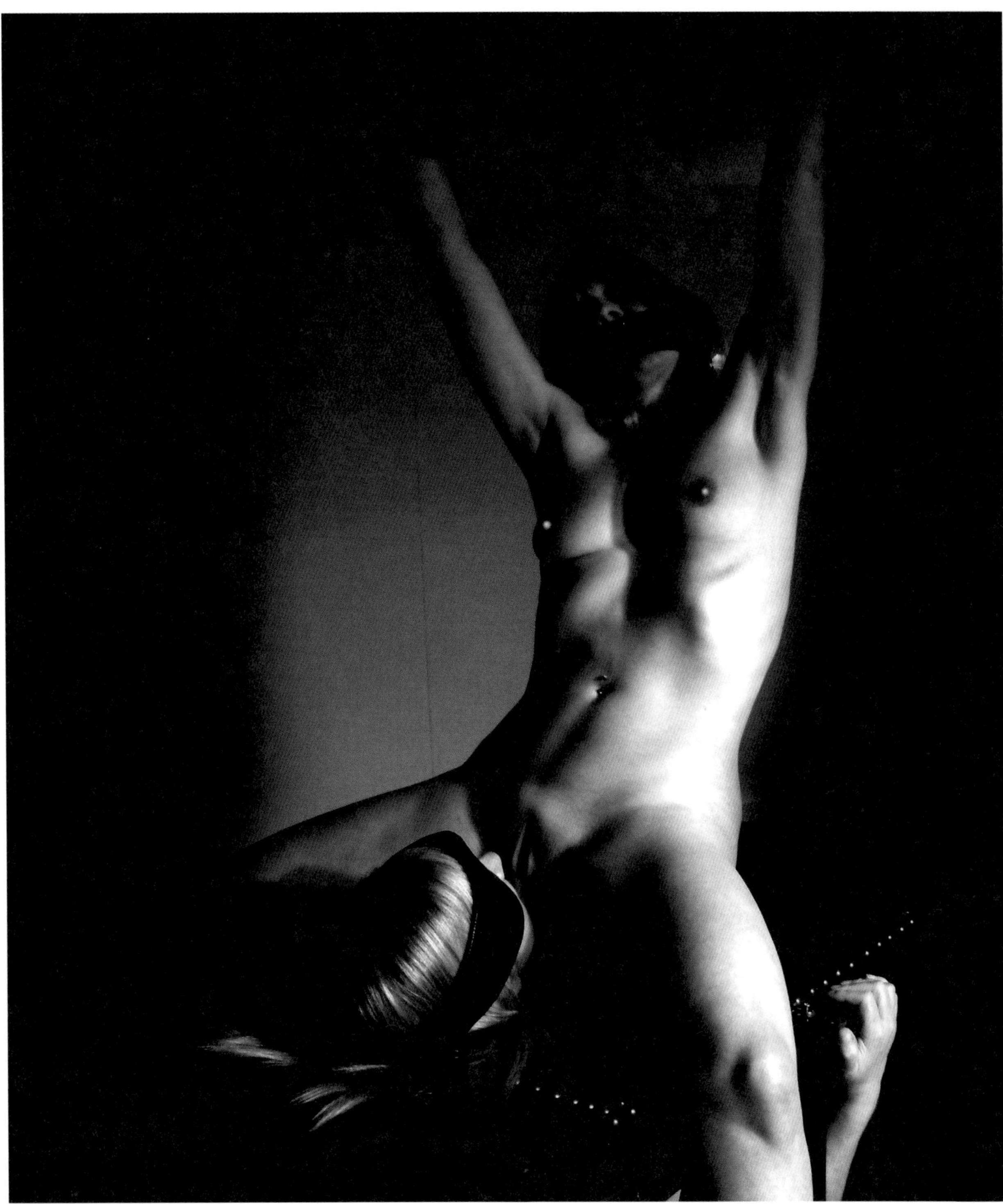

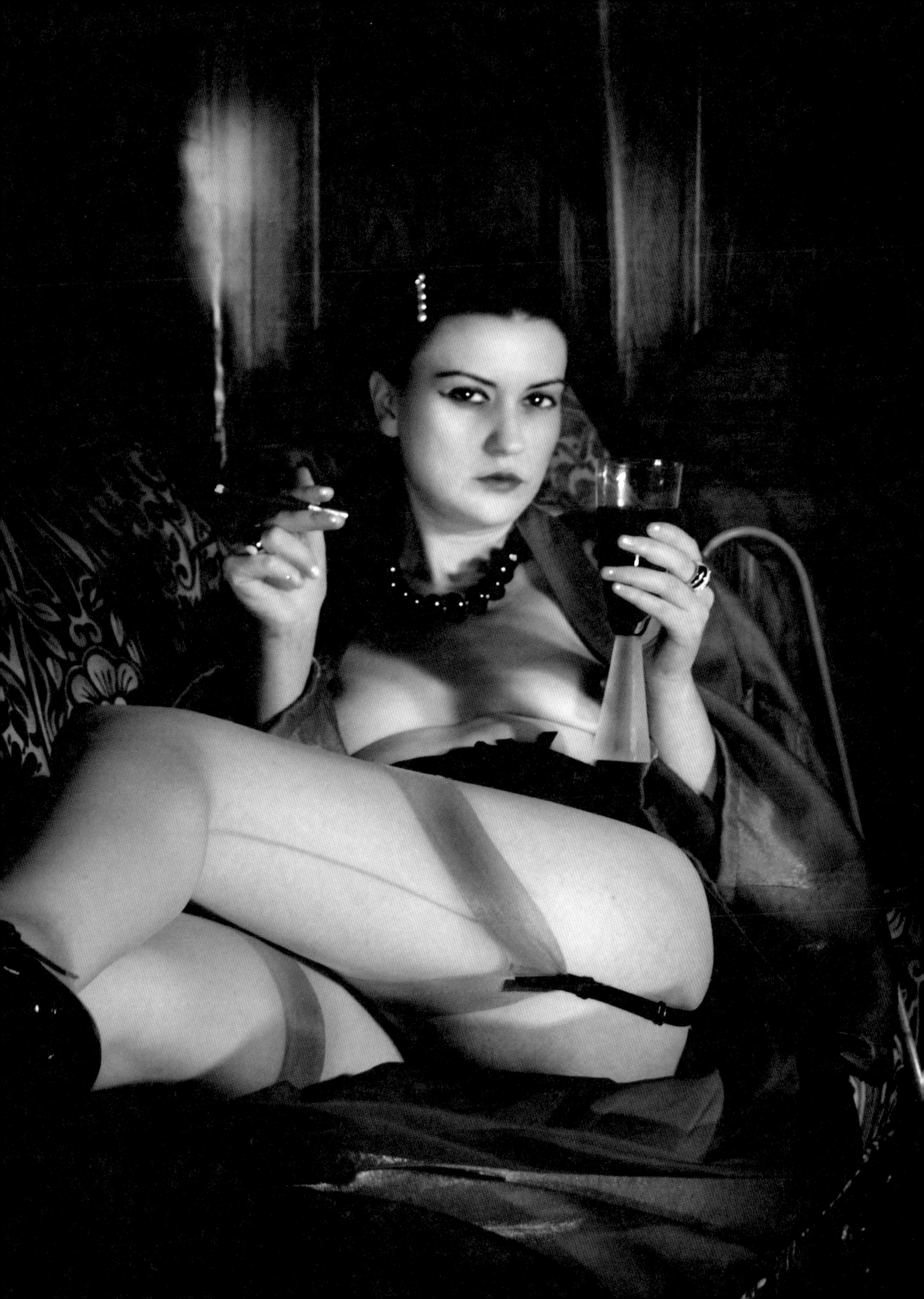

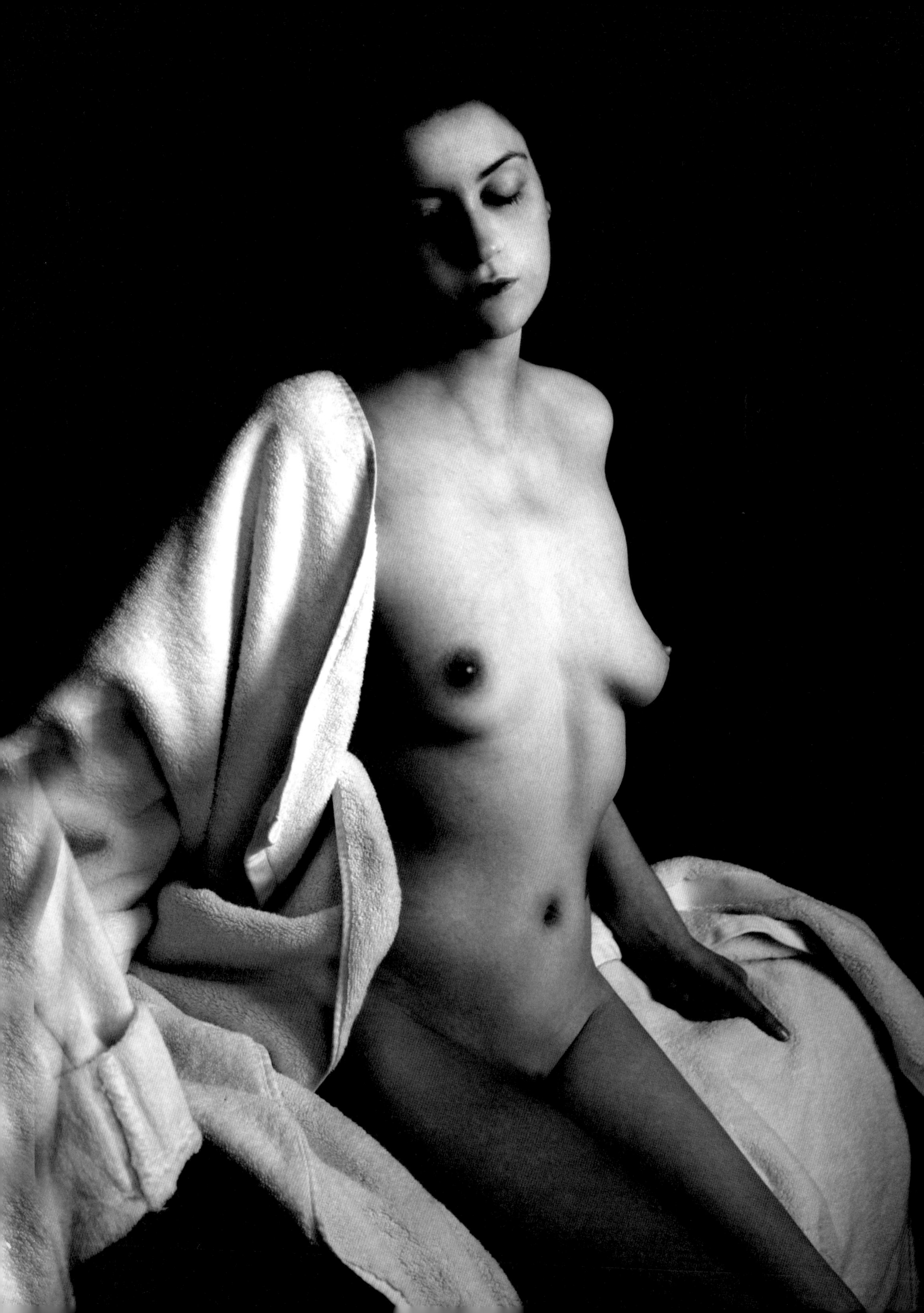

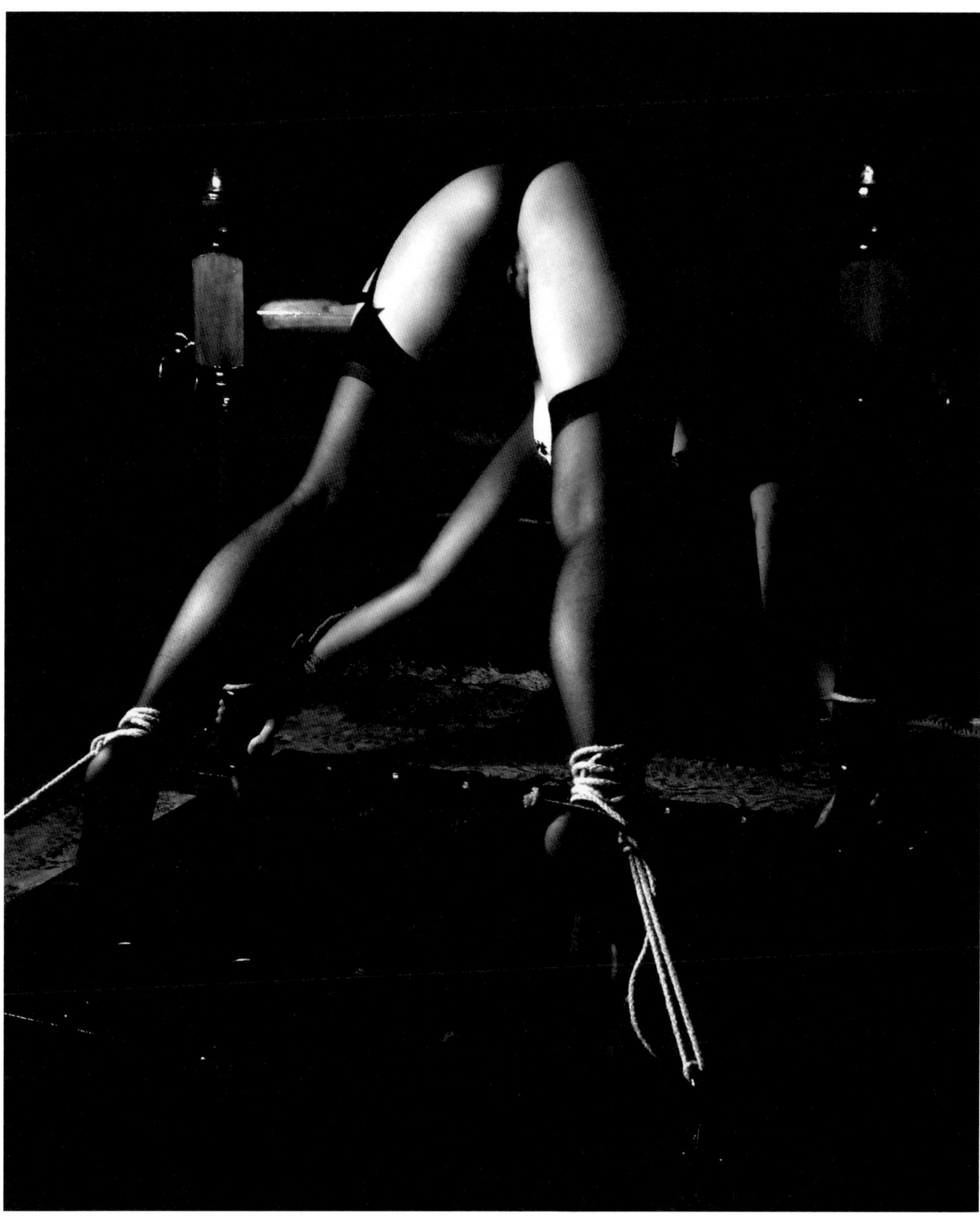

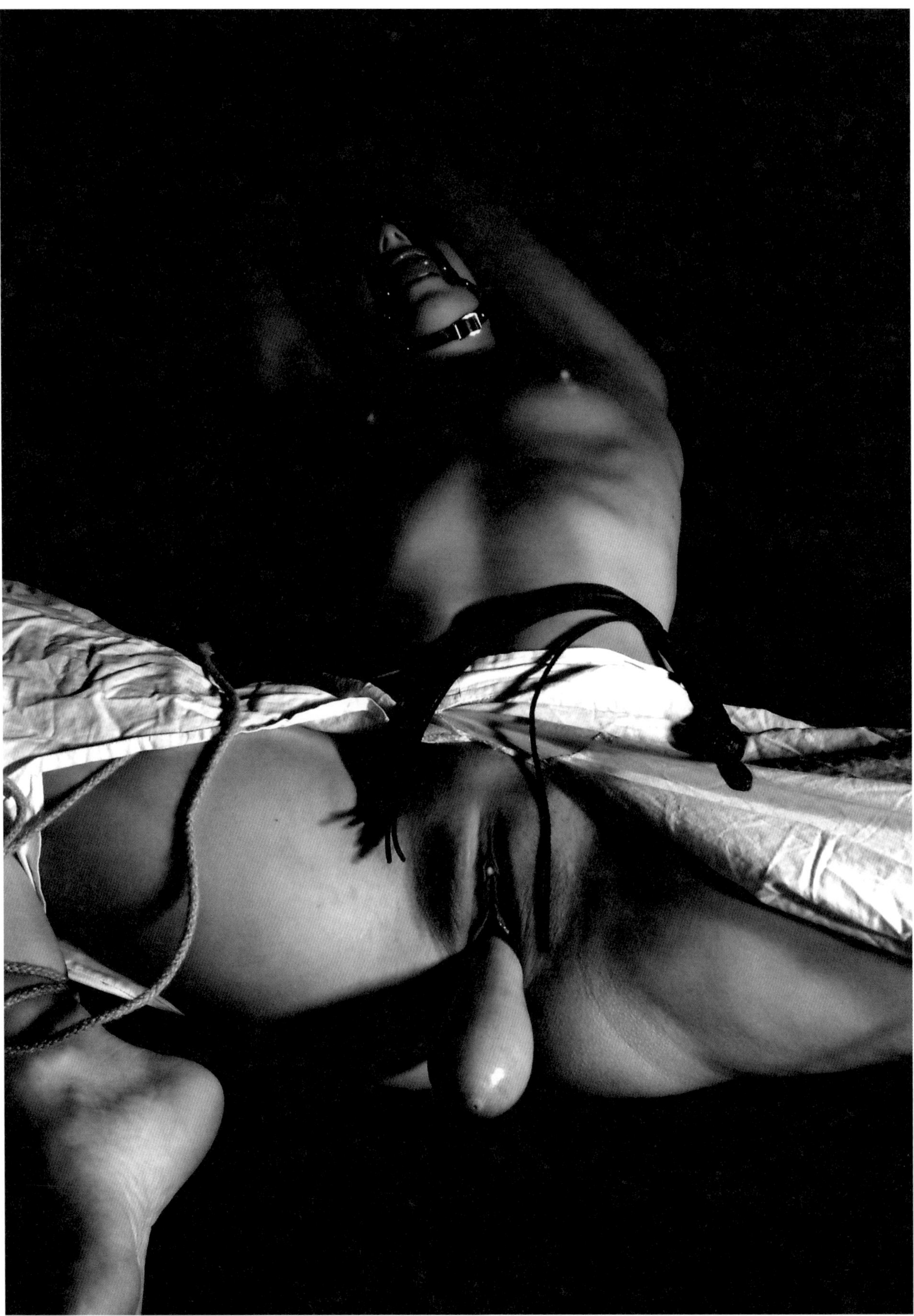

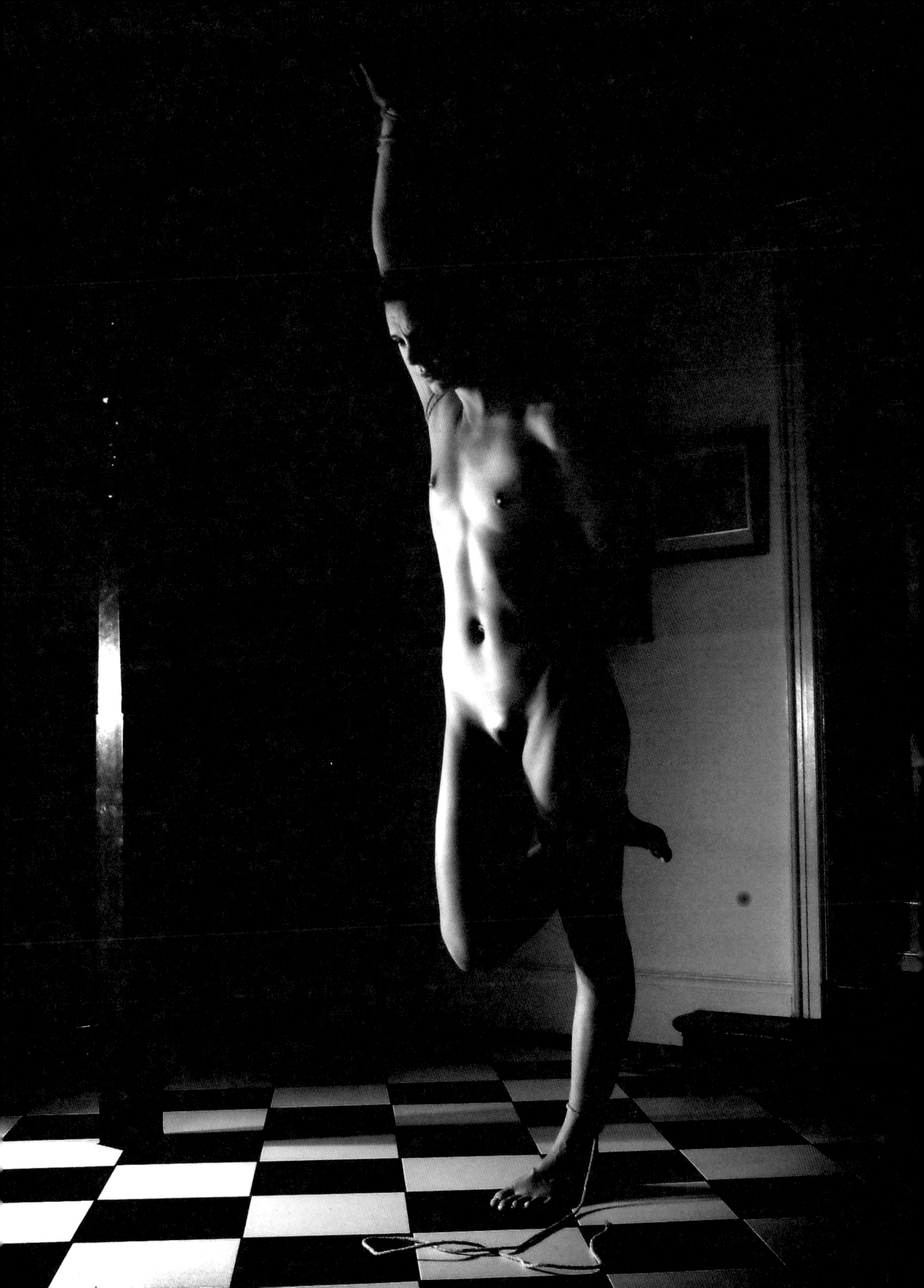

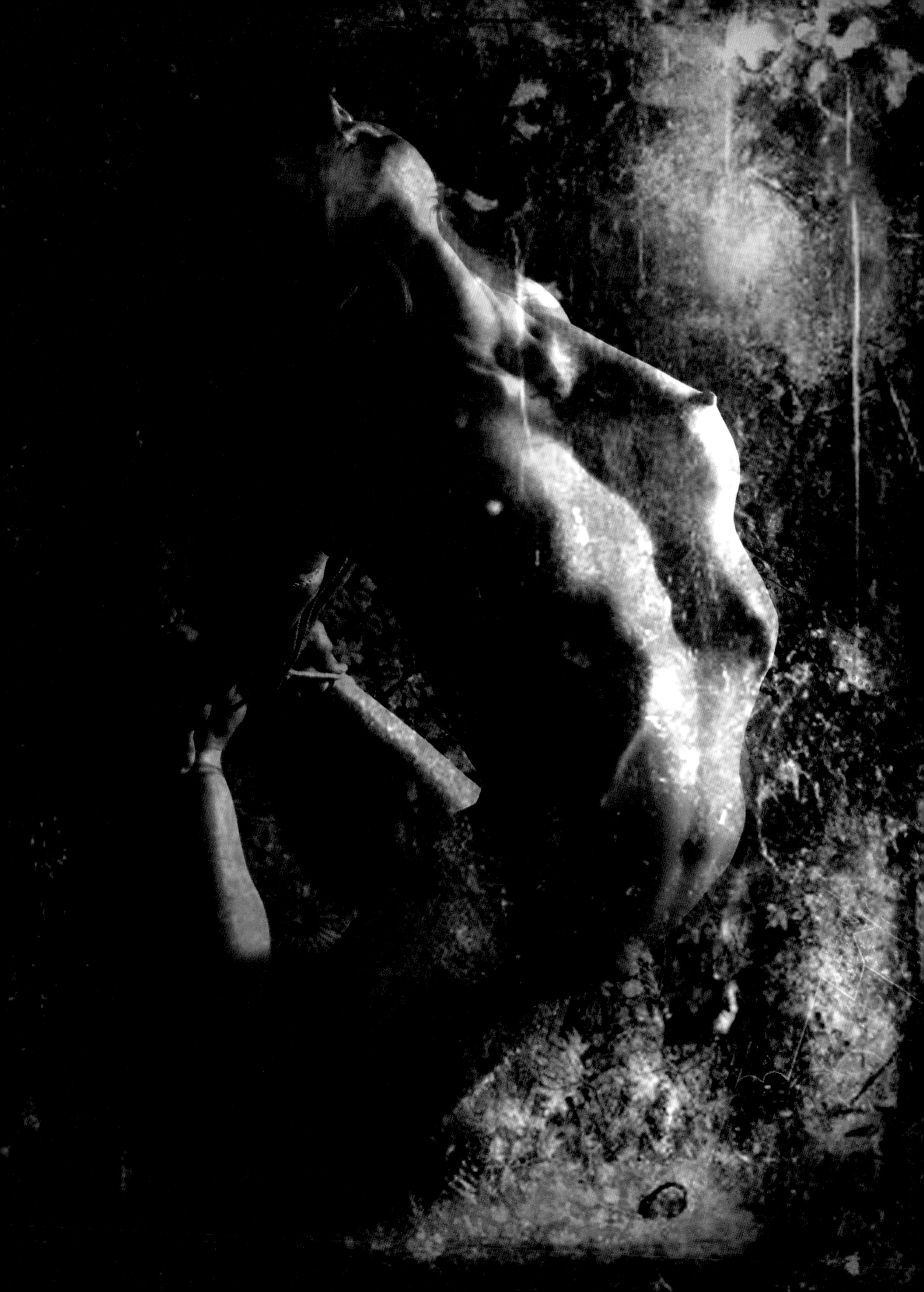

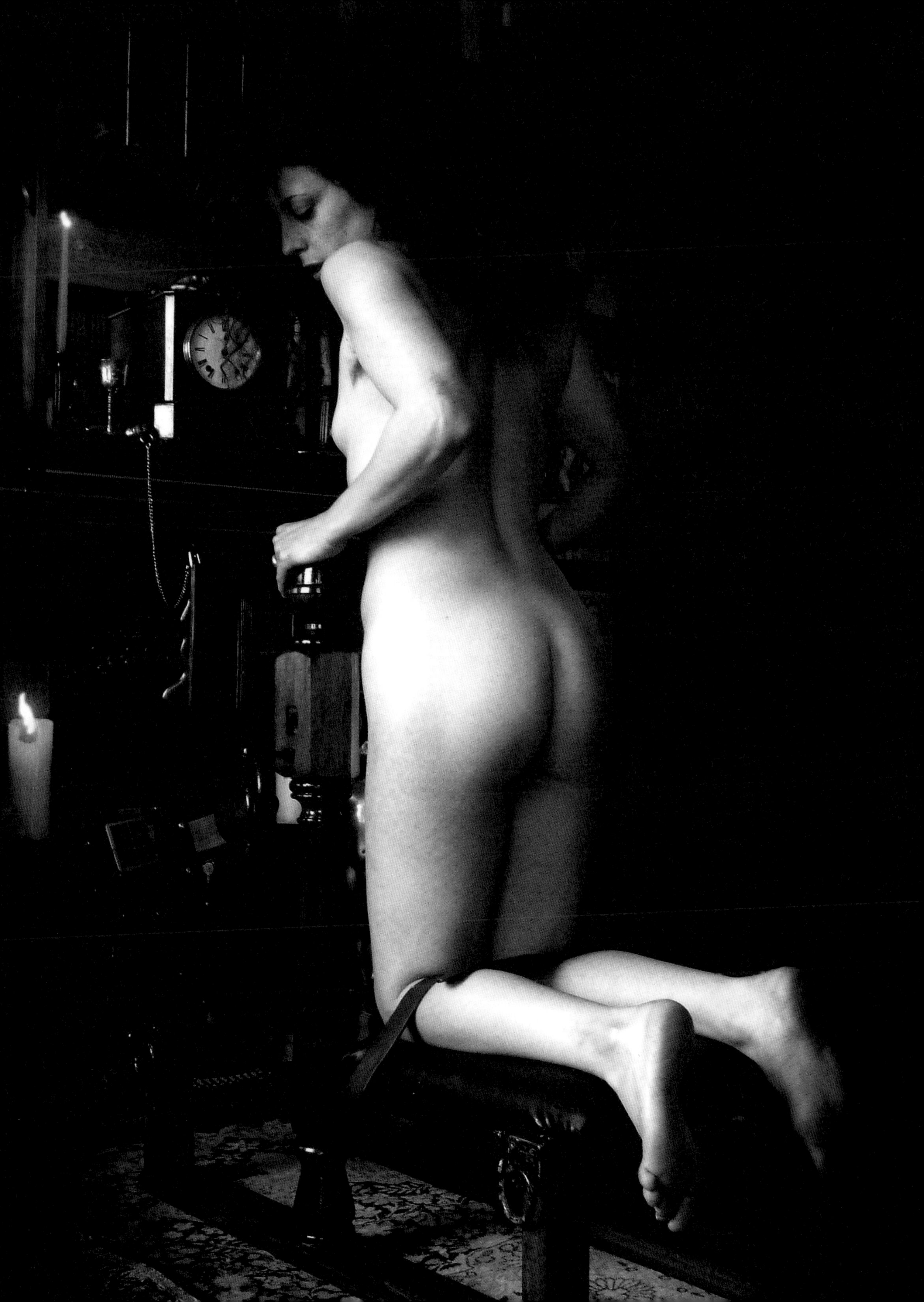

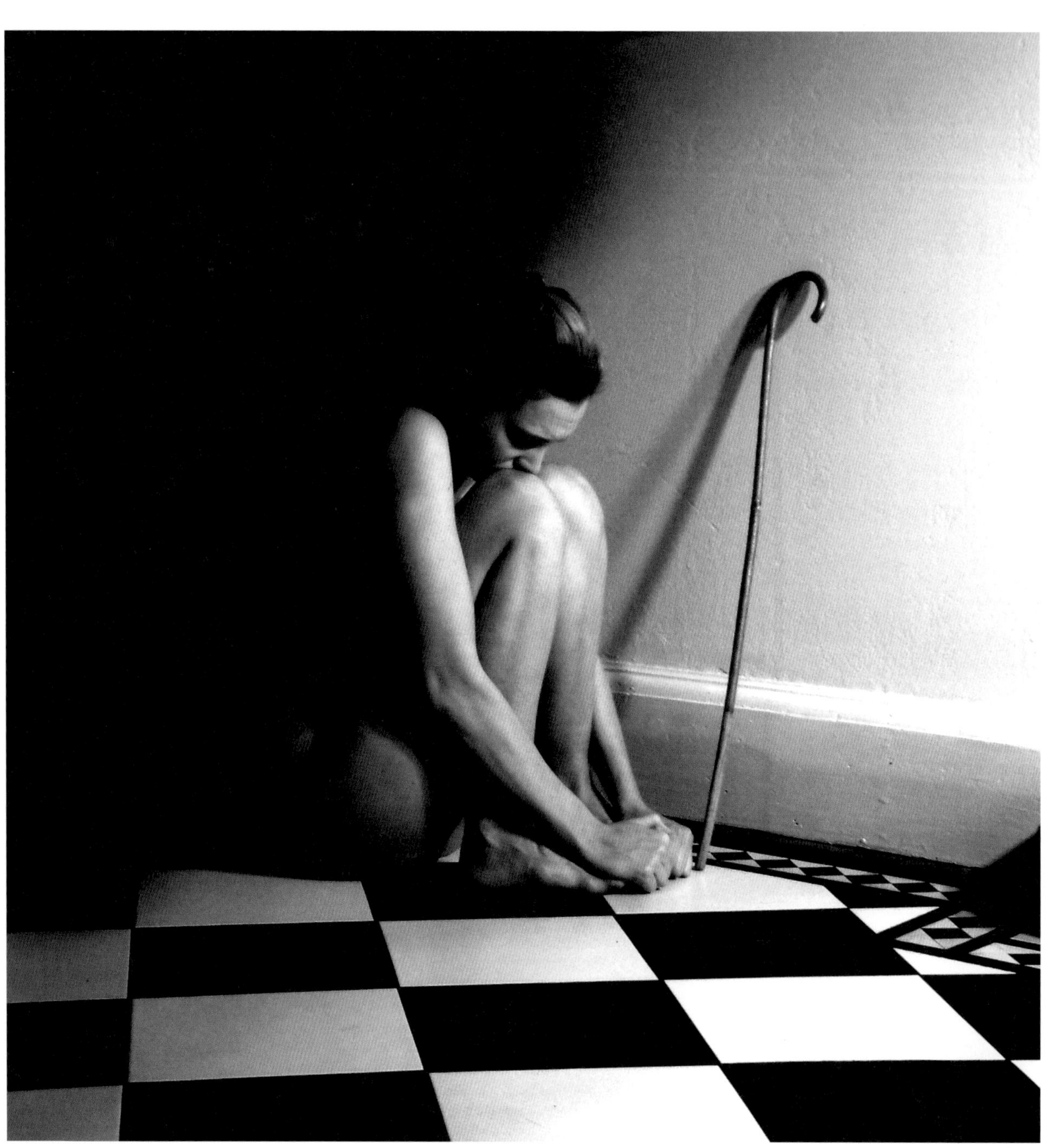

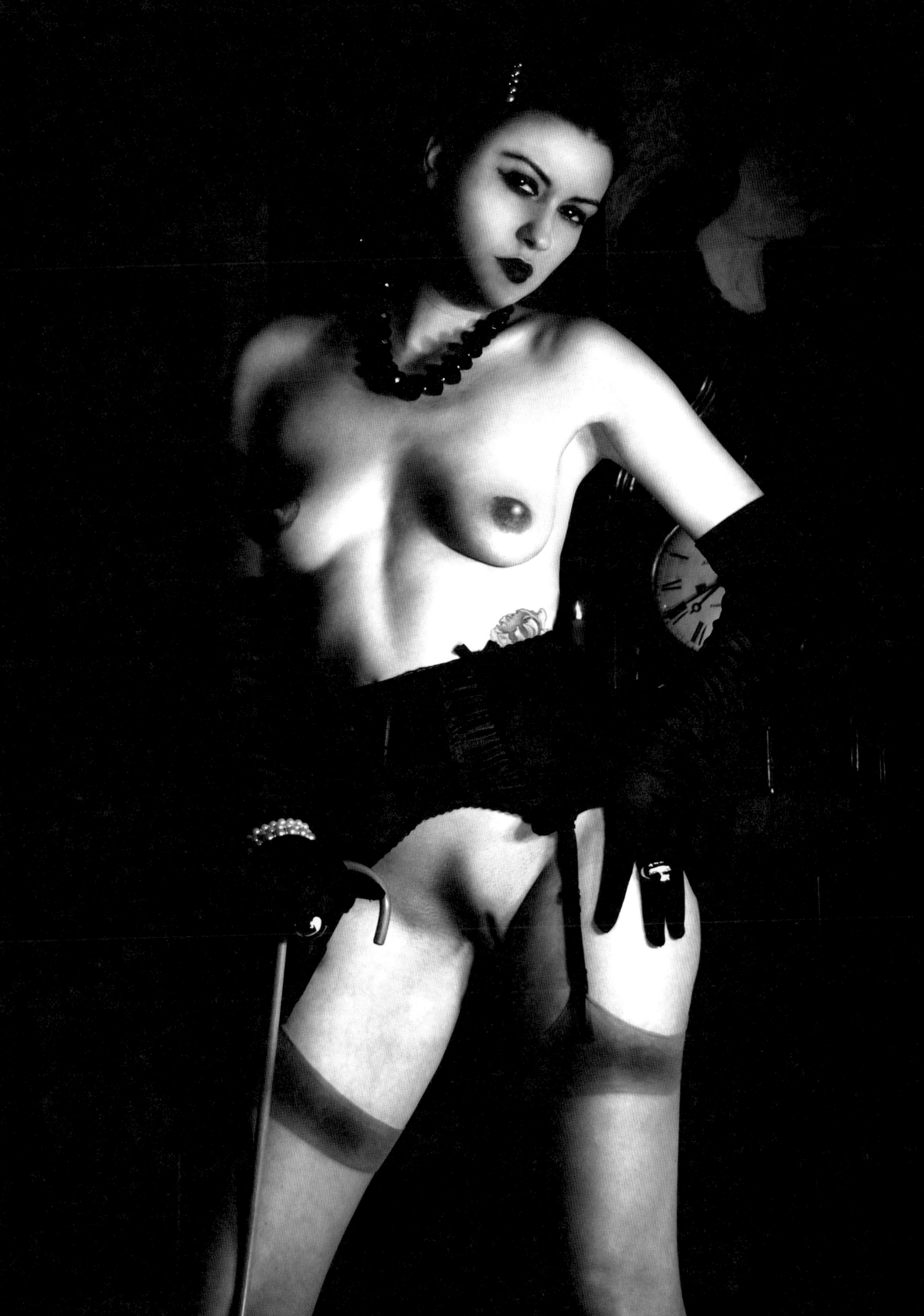

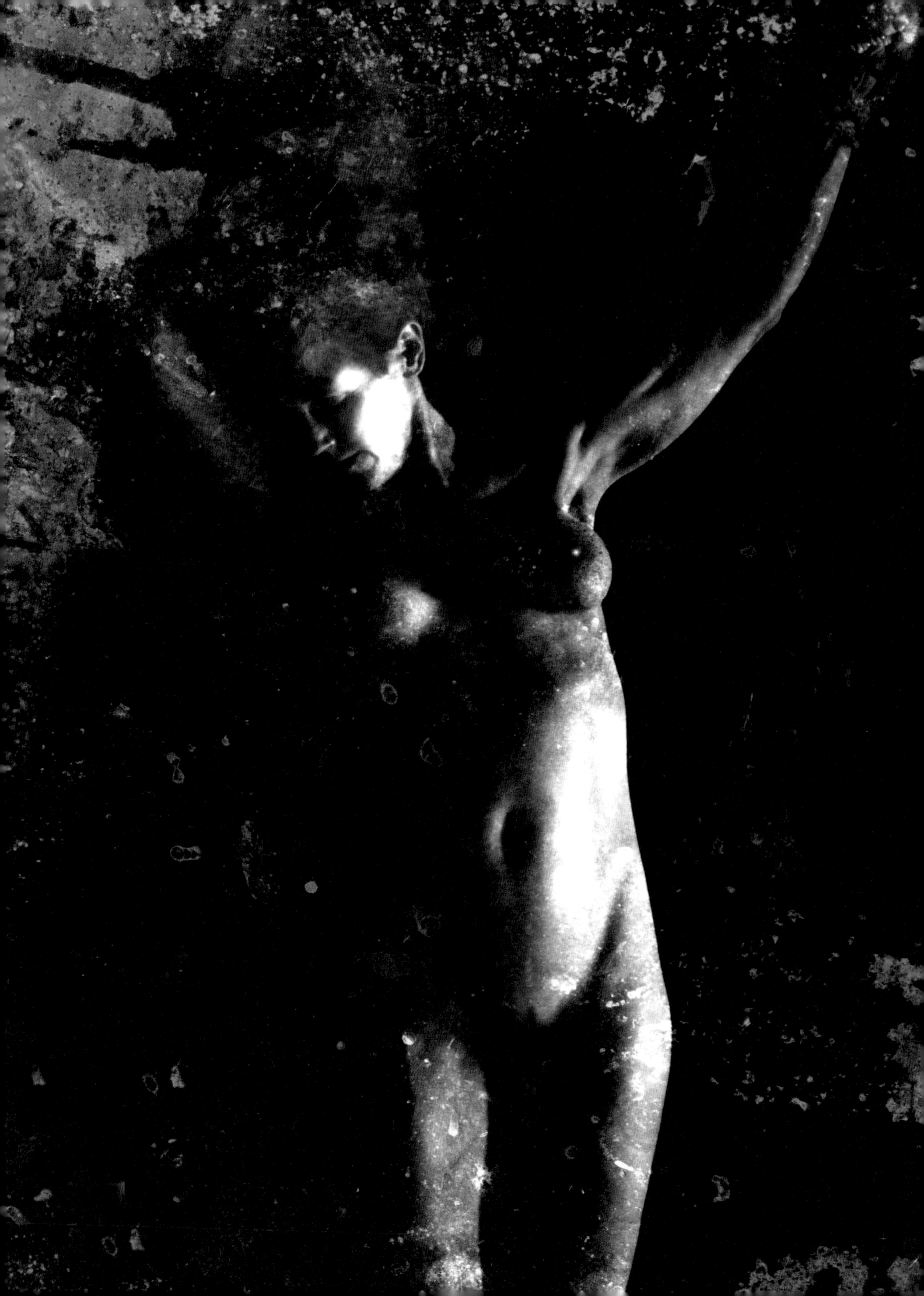

Und doch ist dir die Sonne entflohen
und Finsternis erleuchtet diesen zugewiesenen Ort.
Kunstfertige Hände haben eine Peitsche geflochten,
bekannten Zwecks und einzigartiger Bestimmung,
liebkost von Ölen, um kleinste Falten zu glätten,
was wiederum eigener Liebkosung dienlich ist.
Du würdest dich betrogen fühlen,
wenn man dir, so wunderschön zugerichtet,
ihren schrecklichsten Kuss verweigerte,
um dich zitternd in himmlische Gefilde zu schicken.

Yet here for you the sun has fled.
And darkness is the light in this allotted place.
A craftsmans' skills have spun a whip,
Of known intention and single so exacting role,
Caressed with oils to soften subtle folds,
As in turn it will again serve up its own caress.
So cheated would you feel,
If when so beautifully prepared,
You were denied its cruelest kiss,
To send you shuddering into sacred bliss.

Déjà ici pour toi le soleil a fui.
L'obscurité est ta lumière dans ce lieu imparti.
Le savoir-faire d'un artisan a tressé le fouet,
Des tes intentions connues et de ton unique rôle, si précis,
Caressé avec des huiles pour adoucir les subtils plis,
Puisqu'à son tour il servira sa propre caresse.
Tu te sentirais trompé,
Si, alors que tu es si magnifiquement préparé,
Tu te voyais refuser son baiser le plus cruel,
Celui qui t'enverrait, tremblant, dans la pure félicité

China Hamilton

Kostenlosen Katalog anfordern! Get a free catalog!
Email schicken an. Send an E-mail to: info@edition-reuss.de